中国新华书店发展大系

《中国新华书店发展大系·协会卷（2003—2017）》编纂委员会 编

协会卷
2003
2017

人民出版社

责任编辑:郑牧野
装帧设计:陈　楠
版式设计:王　蓓

图书在版编目(CIP)数据

中国新华书店发展大系.协会卷:2003—2017/《中国新华书店发展大系.协会卷
　(2003—2017)》编纂委员会 编. —北京:人民出版社,2017.4
ISBN 978 - 7 - 01 - 017597 - 3

Ⅰ.①中…　Ⅱ.①中…　Ⅲ.①新华书店-行业协会-史料-中国-2003-2017
　Ⅳ.①G239.27

中国版本图书馆 CIP 数据核字(2017)第 061253 号

中国新华书店发展大系·协会卷
ZHONGGUO XINHUASHUDIAN FAZHAN DAXI XIEHUIJUAN
(2003—2017)

《中国新华书店发展大系·协会卷(2003—2017)》编纂委员会　编

人民出版社 出版发行
(100706　北京市东城区隆福寺街99号)

北京新华印刷有限公司印刷　新华书店经销

2017年4月第1版　2017年4月北京第1次印刷
开本:710毫米×1000毫米 1/16　印张:12　插页:16
字数:150千字

ISBN 978 - 7 - 01 - 017597 - 3　定价:38.00元

邮购地址 100706　北京市东城区隆福寺街99号
人民东方图书销售中心　电话 (010)65250042　65289539

成长轨迹

中国新华书店协会成立大会纪念 2003.1.6 北京

2003 年中国新华书店协会成立大会上新闻出版总署副署长杨牧之（前排左九）与会议代表合影（前排左八），副署长柳斌杰与会议代表合影

中国新华书店协会会长办公会议代表合影

中国新华书店协会一届二次常务理事会（扩大）会议参会代表合影

中国新华书店协会第二届全国会员代表大会代表合影

中国新华书店协会第三次全国会员代表大会

2014. 11. 3

国家新闻出版广电总局孙寿山副局长（前排中）与中国新华书店协会第三次全国会员代表大会代表合影

5

文化建设

1	2
	3

1. 云南丽江市新华书店至今仍保留的1950年建店时悬挂的新华书店店招

2. 2011年新华书店第一店招揭牌仪式暨新华书店继承传统与时俱进研讨会在丽江举行

3. 省级新华书店办公室主任及协会会刊通联会会议代表合影

1. 2010 年中国新华书店跨地区协作网"一网通"项目正式启动。图为参加启动仪式代表合影

2. 2016 年 11 月 1 日协会在上海召开全国新华书店物流协作网研讨会。图为会议现场

1	
2	
3	5
4	6

1.协会会长王俊国在2012年全国新华书店业务技能大赛——图书造型项目决赛现场开幕式上致辞

2.2012年全国新华书店业务技能大赛——图书造型项目决赛主席台就坐领导

3.图书造型决赛现场

4.决赛现场选手们在比赛中

5.决赛现场选手们在比赛中

6.决赛现场选手们在比赛中

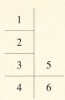

1	2
3	4
5	6	7

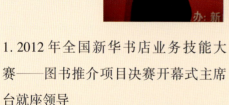

1. 2012年全国新华书店业务技能大赛——图书推介项目决赛开幕式主席台就座领导

2. 裁判员代表黑龙江省张琳在赛前宣誓

3. 黑龙江省新闻出版局领导与黑龙江省图书音像发行集团曲柏龙总经理热烈交谈

4. 各代表队选手认真听取比赛规则

5. 选手在比赛中

6. 选手在比赛中

7. 工作人员收取评分表

1	
2	5
3	
4	

1. 2012 年全国新华书店业务技能大赛——计算机中文及数字录入项目决赛比赛场景

2. 赛前准备会上，组委会委员、各代表对领队、裁判员商讨比赛细节

3. 赛前选手检录时的情景

4. 选手在比赛中

5. 忙碌的打印台，选手的成绩在这里被存档，送裁判组评分

参加 2012 年全国新华书店业务技能大赛——计算机中文及数字录入项目决赛全体人员合影

1	4
2	5
3	6

1. 2012 年全国新华书店业务技能大赛——手绘 POP 制作项目决赛，图为开幕式主席台

2. 手绘 POP 比赛现场

3. 评委在认真评选每一幅作品

4. 严肃认真的评分统计

5. 对评分统计认真复核，避免差错发生

6. 专家评委在认真点评每一幅作品

1
—
2
—
3

1. 在全国新华书店业务技能大赛——颁奖及汇报表演现场，获奖选手、团体总分奖、突出贡献奖、优秀组织奖代表接受总署及宁夏自治区领导颁奖

2. 全国新华书店业务技能大赛——颁奖及汇报表演现场，北京发行集团领导与获奖选手合影

3. 全国新华书店业务技能大赛——颁奖及汇报表演现场，上海新华发行集团党委书记、董事长、上海新华传媒股份有限公司党委书记哈九如与获奖选手周莉合影

1. 2015年9月协会在太原举办第一期全国新华书店县（区）店经理研修班

2. 2015年9月全国23个省（区、市）新华书店分管工会的领导出席协会在山西太原召开的"全国新华书店企业文化建设座谈会"

3. 2015年山西太原书博会上，由协会举办的"开拓新空间，阅读新体验"主题展展区，协会副理事长兼秘书长张雅山在接受媒体采访

4. "开拓新空间，阅读新体验"主题展展区

1. 全国省级新华书店办公室主任暨协会会刊网站通联会会议代表合影

2.《中国新华书店发展大系》专题工作会议代表合影

3. 2015年11月《中国新华书店发展大系》专题工作会议现场

1
―
2

1. 2015年8月参加"新华书店实体店服务贯标及《新华书店发展大系》专题工作会议"的代表参加满洲里书城开业庆典仪式

2. 在协会的统一部署下，全国具有地标性的超过70家大型书城及新华书店，在2015年4月23日，共同举办了以"快乐阅读 闪'靓'心情"为主题的快闪活动，为在世界读书日当天来到书店的读者奉上了一份惊喜的书香大礼。图为上海读者在活动中

1. 2015 年 5 月中国新华书店协会第三届常务理事会第二次会议现场
2. 参加第三届常务理事会第二次会议的代表在新华书店旧址合影
3. 2015 年 6 月协会财工委召开新华财经研讨会会议代表合影

1

2

3

2016 年 7 月协会在内蒙古包头市召开中国新华书店协会理事会暨 2015 年度年会

1　2　3

1. 协会理事会暨 2015 年度年会的会议代表参加第二十六届书博会上协会举办的活动

2. 哈九如理事长在第二十六届书博会向社会发布《中国新华书店社会责任报告书》

3. 第二十六届书博会上协会与河北出版传媒集团公司、北京伯璟文化传播有限公司签订《新华书店》大型历史文献纪录片的投资合作协议

第四期全国新华书店县（市）店经理研修班结业合影

1
—
2

1. 2015 年协会于红色根据地井冈山举办了第二期全国新华书店县（市）店经理研修班

2. 研修班上，新疆新华书店学员合影

1. 2016 年协会于林芝召开了中国新华书店协会第三届常务理事会第四次会议

2. 会议代表参观林芝地区新华书店连锁店

3. 西藏自治区新华书店益西坚村总经理（左二）在回答代表的提问

2016 年中国新华书店协会第三届常务理事会第四次会议代表合影

1

2

3

2016 年 11 月协会举办了第四期全国新华书店县（市）店经理研修班

1．2014年第24届全国图书交易博览会在贵阳开幕。协会主办的"美丽书店·中国行——实体书店在发展"图片摄影展，在书博会上成功展出

2．协会对全国新华书店服务标准达标的店颁发的《授权证书》

领导关怀

1. 新闻出版总署署长柳斌杰等领导出席全国新华书店业务技能大赛颁奖及汇报表演大会。图为大会主席台

2. 新闻出版总署署长柳斌杰，宁夏自治区党委常委、宣传部部长蔡国英为大赛获奖光荣榜揭榜

2012年全国新华书店业务技能大赛——颁奖及汇报表演在宁夏第二十二届图博会场馆内举行。颁奖仪式后，新闻出版总署柳斌杰署长及总署领导、宁夏自治区领导与30位优胜选手合影

2012 年全国新华书店业务技能大赛——
颁奖及汇报表演结束后，新闻出版总署
柳斌杰署长及总署领导、宁夏区领导与
到会的各省（区、市）新华书店（集团）
领导合影

1	2
	3
4	5

1. 2012年全国新华书店业务技能大赛汇报表演中，新闻出版总署柳斌杰署长称赞广西选手王映泉的现场作品

2. 汇报表演中柳斌杰署长与江苏售书连续作业选手亲切握手

3. 柳斌杰署长（前排右一）在观看选手POP作品

4. 柳斌杰署长（前排中）等署领导观看售书连续作业汇报表演

5. 会长王俊国为柳斌杰署长介绍图书造型

1. 2014 年第 24 届全国图书交易博览会在贵阳开幕。协会主办的"美丽书店·中国行——实体书店在发展"图片摄影展，在书博会上成功展出。广电总局蒋建国副局长观看摄影展

2. 广电总局阎晓宏副局长观看"美丽书店·中国行——实体书店在发展"图片摄影展

3. 2015 年 9 月，协会在太原举办第一届全国新华书店县（区）店经理研修班。广电总局阎晓宏副局长到研修班看望学员并讲话

4. 2015 年 9 月，在山西太原书博会现场，协会举办了"开拓新空间，阅读新体验"主题展。全国政协委员、国家新闻出版广电总局原副局长、中国出版协会常务副理事长、中国图书评论学会会长邬书林（左四）出席发布会并讲话

5. "开拓新空间，阅读新体验"主题展上协会哈九如理事长在给邬书林领导讲解

	1
5	2
	3
	4

1. 2016年协会在第二十六届书博会上向社会发布了《中国新华书店社会责任报告书》，国家新闻出版广电总局阎晓宏副局长（左三）出席活动

2. 阎晓宏副局长与协会哈九如理事长亲切握手

3. 阎晓宏副局长（右一）与哈九如理事长亲切交谈

中国新华书店发展大系

编纂委员会

主　　编　哈九如

执行副主编　汪耀华

副　主　编　（排名不分先后）

茅院生	张雅山	吕晓清	郑　岩	杨禄森
陈剑峰	肖　陵	于慧丰	荆作栋	杨建军
曾昭群	曲柏龙	金国华	王忠义	曹　杰
吴志明	涂　华	刘文田	林疆燕	邱从军
黄楚芳	肖开林	何　洋	朱丹枫	阮　平
杨志强	禹鸿斌	王卫平	王锦慧	冀学博
谢向阳	益西坚村	蔡文贵	徐晓涛	尹昌龙

编　　委　（排名不分先后）

蒋　敏	戴川平	戴　昕	李红林	王　峤
王延生	李茗茗	袁亚兵	沈育明	宋晓琳
拉巴次仁	许海雁	毛建新		

中国新华书店发展大系
—协会卷（2003-2017）—

编纂委员会

主　　　编　哈九如

执行副主编　蒋　敏

副 主 编　张雅山

编　　　委　戴川平　戴　昕　李红林

编 写 者　蒋　敏　相　盼

照片提供者　相　盼

继承光荣传统　履行光荣使命

聂辰席

当前，全党全国各族人民正在以习近平同志为核心的党中央领导下，朝着全面建成小康社会、实现中华民族伟大复兴中国梦的目标阔步前进。

作为党创建和领导的出版发行机构，作为社会主义出版事业和文化事业建设的亲身经历者、积极参与者和忠实见证者，新华书店已经走过了80年的光辉历程。

1937年4月，新华书店在革命圣地延安诞生。从清凉山麓的一间窑洞出发，新华书店始终伴随着党和人民事业一路砥砺前行、不断发展壮大。在党中央的高度重视和亲切关怀下，新华书店始终坚持正确方向、坚定立场，坚持围绕中心、服务大局，坚持读者至上、服务群众，及时把党的路线方针政策传播到千家万户，把教材送到亿万学生手中，把科学文化知识提供给广大读者受众，为满足人民群众精神文化需求、提高全民族思想道德素质和科学文化素质作出了卓越贡献，为促进全民阅读、建设书香社会发挥了积极作用，为传承中华优秀传统文化、建设社会主义文化强国凝聚了强大力量。

进入新的历史时期，新华书店不断深化改革，完善体制机制，优化业务结构，创新发展业态，努力提升整体实力和服务水平，把发行网点开办到人民群众最需要的地方，开创了图书发行史上流动供应和上门售书的服务新举措，目前已形成遍布全国的1万余处发行网点，拥有13万名员工，成为以图书发行为主营业务、多业态发展的国有文化企业中坚力量。

80年来，无论是在战火硝烟的革命战争年代，在热火朝天的社会主义建设时期，在探索中前行的计划经济阶段，还是在改革开放的社会主义市场经济大潮中，新华书店始终坚守宣传真理、传播知识、传承文化的历史责任，筚路蓝缕、不畏牺牲、坚定不移、勇往直前，经受了血与火的考验，克服了难以想象的挫折与困难，走出了一条服务党和国家大局、服务人民群众的改革发展之路，创造了许多载入文化建设史册的突出业绩，留下了无数值得后人铭记的感人事迹。

80年来，新华书店涌现出一大批出版发行事业的中坚力量，他们中有在抗战时期反扫荡中宁死不屈、跳崖牺牲的女英雄黄君珏，有在为各敌后根据地运送图书时突破封锁线而倒下的发行员，有在抗美援朝战争中送书上阵地而壮烈牺牲的随军书店员工高照杰，有在为读者服务中苦练业务、精益求精、服务周全的普通营业员，有在平凡岗位上坚持读者第一、服务第一的劳动模范，还有身退心不退、愿把余生献给读者的新华老员工……他们是不同历史时期新华书店创业发展的脊梁，永远留在读者的记忆中，永远铭刻在新华书店发展前行的历史丰碑上。

在80年的奋斗发展历程中，新华书店留下了宝贵的精神财富，锻造了鲜明的新华精神，其核心要义就是：坚持正确政治方向，与时俱进、改革创新，全心全意为人民服务、为读者服务。这种坚守了80年的光荣传统已融进新华人的血液，贯穿于每个新华人的行动中。正是有了这种精神，新华书店才能改革创新、与时俱进、自强不息、永葆青春，才能在激烈的市场竞争中持续健康发展。

在纪念新华书店创立80周年之际，由中国新华书店协会组织编纂并呈现给新华人和社会读者的这套《中国新华书店发展大系》，系统收集整理了新华书店在革命战争时期、社会主义建设时期和改革开放时期的重要资料，记录了新华书店自创立以来的重大史实和事件，回顾了新中国出版发行事业的缘起与形成，展现了中国出版发行业特别是新中国图书发行业详尽的发展脉络，是新华书店建立以来史料最全、内容最广、时间跨度最长、记录最详实的珍贵资料，是新中国出版史的重要文献和新华书店员工必读的史料教材，具有"存史、资政、育人"的重要价值。一位出版界老前辈曾经说过：通过新华书店发展轨迹和辉煌历史，可以看到新华书店所具有的光荣的历史、自豪的品牌、高昂的士气和远大的前程。《中国新华书店发展大系》既是对新华书店光荣奋斗历史的详实记载，更蕴含着激励当代新华人不忘初心、继续前进的强大动力。

伟大的事业需要伟大的精神力量，对新华书店赋予了新的职责使命。广大新华人要牢固树立政治意识、大局意识、核心意识、看齐意识，深入学习贯彻习近平总书记系列重要讲话精神和治国理政新理念新思想新战略，进一步弘扬优良传统作风，进一步加大改革创新力度，努力繁荣发展社会主义先进文化，更好满足人民群众精神文化需求，让新华书店这一光荣品牌"苟日新、日日新、又日新"，让新华精神不断发扬光大，更加充满信心地迈向辉煌百年，为实现"两个一百年"奋斗目标、中华民族伟大复兴中国梦而不懈奋斗！

序

哈九如

新华书店已经走过了光荣的八十年。在八十年的发展历程中,新华书店日益壮大,不断发展,成为我国出版发行业的中坚力量。红色基因和为文化而坚守的责任与使命,使其形成了具有鲜明特色的传统和精神,受到了党和国家的充分肯定和倾心关怀,在读者心中已成为传播文化、温暖人心的一盏明灯。

中国新华书店协会成立于2003年1月,作为新华书店系统的社团组织,在十四年的工作实践中,忠于使命、履行职责、组织协调、联系会员、诚心服务,在全国新华书店中发挥的作用也愈加突出。

新华书店从过去的计划经济时期的条块管理到市场经济条件下的地方管理,发生了许多变化。但作为一个统一的红色品牌,必须要有外在形象、内在文化和规模发展的统一理念和共同追求的目标,在全国各行各业都在快速发展的时期,新华书店如何在快车道上走得更好,发展得更快、更稳健,也一直是新华书店关注的问题。

中国新华书店协会的成立正逢其时。在新华书店成立八十周年之际,我们组织编写《中国新华书店发展大系·协会卷》,其核心宗旨,就是要在发展中不忘初心、发扬传统、弘扬精神,把新华书店的事组织好,把品牌维护好,把会员服务好,让新华书店这一家喻户晓的金字招牌越擦越亮,使其植根于社会和读者心中,让党和国家放心,让读者更加信任。

协会成立十四年,历经三届,做了许多工作。协会的存在理由,就是要把会员的需求作为自己的职责,把会员的权益作为维护的根本,为政府与会员之间搭建起通畅的桥梁，使会员在良好的环境中取得更大的发展。

协会是社团，宗旨是服务。我们要在工作中不断学习，学会在协调中创造发展环境，在服务中促进会员进步，在规范中加强会员自律，在创新中使会员获得更多商机。

在《中国新华书店发展大系·协会卷》的编写中，我们把自身工作也进行了仔细梳理。工作尽管琐碎，但我们始终坚持一个主题，在做好品牌维护和服务会员的前提下，做好协调发展、促进交流和倡导创新工作。这都在会议、通知、办法和规则的组织推进中有所体现。

社团的发展与作用正在政府的推动下快速形成并将具有更大的发挥。编写本卷也是为协会在总结经验和梳理思路中明确今后的工作方向。

协会是大家的组织，会员是协会的主体。我们的工作还将继续，我们的服务宗旨始终不变。让会员不断发展，让品牌日益彰显，让新华精神恒久传承，让新华书店越来越壮大。使新华书店走入百年——这是协会与全国新华人的共同心愿。

凡例

一、本系以马克思列宁主义、毛泽东思想、邓小平理论、"三个代表"重要思想、科学发展观和习近平总书记系列重要讲话精神为指导，坚持真实、客观、全面地记载中国新华书店的发展史实。

二、本系上限追溯自 1937 年 4 月 24 日中国新华书店诞生，下限断至 2017 年 3 月 31 日。

三、本系以编年体为主，适当结合纪事本末体，分年、月、日记述。

四、本系分卷编纂，以省、自治区、直辖市设卷，另设有总店卷和协会卷。各卷一般含序、概述、图片、大事记、附录、参考文献、后记。

五、本系采用规范语体文，行文力求朴实、简洁、通畅。

六、本系纪年一律采用公元纪年。

七、本系采用的简化字以国家语言文字工作委员会公布的《简化字总表》为准；标点符号以国家质量监督检验检疫总局、国家标准化管理委员会发布的《标点符号用法》为准；计量单位，新中国成立之前使用当时通用单位，新中国成立后使用国家法定计量单位。

八、本系资料主要选自各省级新华书店现存的文书档案和各类档案馆、图书馆所藏相关资料和出版物。

各卷卷目

目录

概述

　　中国新华书店协会 2003 年 1 月于北京成立。协会是全国新华书店系统 3000 余家法人单位自愿组成的全国性非营利行业社团。成立中国新华书店协会是为维护新华书店权益与品牌、向政府反映成员的诉求、组织新华书店开展各项社会活动。

　　协会成立 14 年来工作卓有成效。特别是发扬光大新华书店品牌、维护会员的合法权益，在 2006 年成功申办了新华书店"驰名商标"；同年在 22 个国家申请注册"新华书店"商标；在维权方面有效发挥协会作用，为各地维护新华书店商标权益提供有力支持。

　　在举办全系统重大活动方面，成功举办了新华书店 70 周年纪念活动。在京召开纪念新华书店创建 70 周年暨全国新华书店系统先进集体、劳动模范和先进工作者表彰大会。在国家人事部、新闻出版总署两部委组织下，70 年来第一次在全国新华书店系统进行了双先表彰。

　　协会成立后的作用得到了彰显：

　　一是架起政府与新华书店之间的桥梁纽带作用，向政府积极反映新华书店在经营活动中的意见和建议，引起政府重视。包括针对 2008 年秋开始中小学教材发行招投标在全国范围内全面推开，协会听取各地新华书店的意见及建议，向中宣部、国家发改委、新闻出版总署及教育部上报了《关于中小学教材发行竞标工作全面推开的情况反映》，对中小学教材发行招投标工作起到了事关重要的作用；2012 年山西、江西、黑龙江等 11 个省店就中小学教辅发行环节乱象纷呈、高定价低折扣、不正当竞争等现象向协会反映情况。协会根据这一反映向教育部、新闻出版总署、国家发改委、国务院纠风办上报了《关于呈送全国部分省市新华书店反映中小学教辅材料发行问题的紧急报告》，请相关部门予以重视，明确中小学教辅材料发行主体，规范教辅市场。

二是内聚合力外扩影响，成为全国新华书店的旗帜。协会组织举办了"全国新华书店业务技能大赛"，活动得到了全国新华书店的热烈响应和积极参与。各省认真组织，赛出了水平，增强了新华书店系统的凝聚力；协会还发起全国新华书店向地震灾区汶川、青海玉树新华书店捐款，体现了协会的号召力及新华书店系统凝聚力。

在外扩影响方面，2015 年世界读书日当天，在协会的统一部署下，各地具有城市文化地标的 70 余家大型书城共同举办了以"快乐阅读　闪'靓'心情"为主题的快闪活动。活动在社会上引起热烈反响；在第 24 届全国图书交易博览会举办"美丽书店"中国行——实体书店在发展图片摄影展，整个展览从历史的角度介绍了新华书店近年的发展和建设成果。展出期间，中宣部、国家新闻出版广电总局相关领导莅临展位指导工作，更多观众在展场拍照留言，不少省市领导也前来观展，他们纷纷表示，将继续支持新华书店加快发展；协会在第二十六届书博会上向社会发布了《中国新华书店社会责任报告书》。这是新华书店成立近 80 年来，首次向社会发布新华书店履行社会责任的白皮书。这个报告书以翔实的数据和资料让社会进一步了解新华书店在拓展发行网点、发行重点读物、开展全民阅读活动、热心公益等方面作出的积极贡献。

协会组织编纂了《中国新华书店发展大系》。为记述协会成立 14 年来的成长足迹，协会独立成卷。协会卷记述了成立以来所开展的各项重要工作和重大活动。

中国新华书店协会的历史尽管不长，通过本卷的记述，可看到协会为新华书店品牌建设以及为全体成员所做的努力和付出。本卷内容翔实权威，是研究新华书店的重要参考文献。

2003 年

1月6日 中国新华书店协会（以下简称"协会"）在北京成立。协会是在时任新华书店总店总经理邓耘组织协调下筹备，经国家民政部批准、新闻出版总署管理的一级协会，由新华书店系统 3000 余家各级法人单位自愿组成的全国性非营利行业社团组织，在新闻出版总署和民政部的管理和指导下承担行业管理、国际合作、学术交流、专业展览、权益维护、业务培训、咨询服务和商标使用管理等职责。成立大会上，新闻出版总署副署长杨牧之宣读了民政部为中国新华书店协会颁发的《社会团体法人登记证书》。新闻出版总署副署长柳斌杰代表署党组向中国新华书店协会的成立表示祝贺，并和民政部民间组织管理局局长陈光耀一起为中国新华书店协会揭牌。

中国新华书店协会负责人名单

协会职务	姓　名	工作单位及职务
会长（法定代表人）	王俊国	中国出版集团党组成员、副主任
常务副会长	刘国辉	新华书店总店总经理
（以下按姓氏笔画排序）		
副会长	卜景春	辽宁发行集团有限公司总经理
副会长	王　庆	四川新华书店集团公司总经理
副会长	付剑华	湖南新华书店集团有限公司总经理
副会长	陈志宏	陕西省新华书店总经理
副会长	张佩清	江苏新华书店集团有限公司总经理
副会长	哈九如	上海新华发行集团有限公司总经理

副会长　　　　　鲁杰民　　　　北京市新华书店总经理

秘书长　　　　　张雅山　　　　新华书店总店办公室主任

7月3日　协会向各理事单位发出《"中国新华书店协会2003年工作要点""会费收取办法"等相关文件的通知》。

8月　广东省新华书店协会成立。

2004 年

4 月 21 日 新华书店商标注册人新华书店总店将新华书店注册商标转移到中国新华书店协会。(1998 年 1 月,新华书店总店受新闻出版署的委托,代表全国新华书店在国家商标局正式注册了"新华书店"商标。)

4 月 24 日 协会网站在新华书店建店 67 周年之际开通。网站主要有:进入协会、各地新华、行业动态、店史述真、理论园地、教育培训、政策行规、我要投稿八大版块和 30 余个细化栏目,可供业内及社会对新华书店关注和出版发行业关心的网民与读者阅览。满足了解新华、关注新华、支持新华和发展新华的不同需求。

4 月 28 日 协会向各理事单位发出《关于加快成立新华书店协会的通知》。为全面深入贯彻执行新闻出版总署《2004 年新闻出版工作要点》、《新闻出版总署主管的社会团体管理暂行办法》,民政部有关社会团体管理规定和协会会长办公会会议精神,为便于协会依据章程充分发挥协调、服务、管理的中枢作用,协会决定将尽快建立各省(区、市)新华书店协会作为 2004 年工作重点之一,以便于各会员单位相互交流、协调发展,以省为单位迅速开展活动。

同日 协会向各理事单位发出《关于建立中国新华书店协会网站、中国新华书店协会通讯员队伍的通知》。通知对稿件及网站管理员提出了要求,并制定了《培训及管理制度》。

同月 为推动全国新华书店体制改革,促进图书发行行业的繁荣和发展,协会和新华书店总店、中国青年报社共同在全社会及新华书店系统内发起"新华情"征文活动。活动旨在欢迎社会各界及新华书店系统员工结合切身感受，共叙"新华情"。

9月 协会与总店、新疆区店联合在新疆召开全国新华书店财务工作会议。财政部与新闻出版总署的有关领导就财政部颁发的《文化企业财务统一结算办法》执行的若干问题和新华书店在改制工作中应该注意的若干事项做了具体指导。会议还就新华书店系统的财务工作如何加强联系、沟通信息及报表的定期汇总等工作做了安排与布置。

同月 《经济参考报》刊登了《新华书店教材腐败》的文章，山东《生活日报》进行转载。文章对山东省店的教材发行有不实报道。协会就此事专门撰写文章说明事实，并与《经济参考报》进行沟通，该报接受协会意见，并负责刊登新华书店方面说明真相的文章。

11月11日 宁夏自治区新华书店协会成立。

11月 协会与总店、山东省店联合在济南召开了全国新华书店办公室主任及网管员工作会议。这次会议起到了团结会员、提供服务、交流情况、促进发展的作用。

12月1日 协会向全国各副会长及理事单位发出《关于创办中国新华书店协会会刊工作的通知》。按照协会的工作计划及全国新华书店办公室主任会议的倡议，协会决定在《新华书目报》上创办《新华书店专刊》作为协会的会刊。会刊由协会主办，《新华书目报》具体承办，每月1期，每期8—16版，彩色印刷。随通知还发出了《新华书店专刊实施方案》、《新华书店专刊编委会、编辑部名单》、《新华书店专刊征稿函》、《祝贺中国新华书店协会会刊创刊邀请函》。

同年 广东珠海斗门区新华书店被当地政府预备拍卖时（包括新华书店品牌），经协会与相关部门交涉制止了这种行为，协会在维权上发挥了重要作用。

2005 年

1 月 17 日 协会制定了《中国新华书店协会财务收支审批办法》。共计
14 条，规范和强化了协会财务收支管理制度及财务收支手续。

1 月 18 日 《协会会刊》创刊。

1 月 31 日 协会向理事单位发出了《中国新华书店协会 2004 年工作总结
暨 2005 年工作要点》。从组织建设、协会宣传、开展活动、存在问题等七个方
面对 2014 年工作进行了总结。制定了从办好协会《会刊》、制定出台《新华
书店商标使用管理规则》、征文评选、加快组建各省协会进程、制定新华书店
70 周年店庆方案等 15 项 2005 年工作计划。

5 月 18—19 日 第 15 届全国书市期间，协会、中国出版科学研究所、北
京时代推动信息技术有限公司共同主办 2005 中国出版发行竞争力高峰论坛。
来自出版社、新华书店、民营机构以及学术界、投资领域的代表共 40 余人围
绕"面对日益成长的中国图书市场，如何提升出版发行的竞争力"的主题进
行了深入探讨。

6 月 14—16 日 协会于北京举行了第一届第二次理事会议。原新闻出版
署副署长刘杲，中国书刊发行业协会会长、中国出版集团公司总裁杨牧之，总
署发行司司长刘波到会并讲话。会长王俊国提出了 2005 年工作思路和主要任
务；协会秘书处通报了 2004 年的工作和 2005 年的工作计划；协会财务处作了
协会财务工作通报说明；山东省新华书店协会介绍了协会组织建设方面的经
验；广东省新华书店协会介绍了维权工作的经验；国家商标总局领导介绍了协
会商标注册形式的情况说明，对商标注册情况进行了分析；北京水云天公司总
经理赵建军做了关于新华书店品牌运营和开发的专题讲座；出版总署发行司副

司长张福海就教材招投标工作及文化体制改革工作做了专题讲话；陕西、山西两省新华书店分别介绍了教材招投标的有关情况及在竞标过程中遇到的问题和应对举措。会议还就各地情况和焦点问题分组进行了讨论和交流。会议要求：协会秘书处要通过协调全国新华书店系统的整体力量，积极地向上级领导部门进行呼吁，既要有争取政策性的工作，又有组织协调、交流、研究讨论方面的工作；协会秘书处要及时就店庆工作与理事单位加强联系，征求各理事单位的意见进行归纳总结，尽快拿出一个适合新华书店实际又有时代特色的店庆工作方案，供会长办公会讨论，决定后付诸实施。

6月15日　协会、新华书店总店和中国青年报社联合举办的"新华情"征文颁奖大会在北京举行。广东范若丁的《第三课堂》、陕西高秀敏的《新华情·新华人》、山东满恒强的《几件小事》3篇作品获一等奖；湖北李书福的《科技图书进农村》等8篇作品获二等奖；云南刘贵枝的《梦起书缘》等15篇作品获三等奖；徐新海等31名作者的作品获纪念奖；31家新华书店获征文组织奖。中国出版集团总裁杨牧之，中国出版工作者协会副主席刘杲，新闻出版总署发行司司长刘波，新华书店总店原总经理汪轶千，新华书店总店原副总经理郑士德，中国青年报副总编潘平，中国新华书店协会会长王俊国，副会长刘国辉、卜景春、陈志宏、哈九如、鲁杰民、王庆等为获奖者代表颁奖。

7月14日　为进一步促进协会发展，有效开展协会专项工作，经协会会长办公会研究决定，对协会会长及副会长进行了分工：王俊国会长负责协会全面工作，重大事项的组织协调；刘国辉常务副会长负责新华书店的信息化建设及行业标准的普及应用，品牌发展及无形资产管理；卜景春副会长负责教育培训工作及物流建设；王庆副会长负责新华书店股份制改造及现代企业制度的建设；陈志宏副会长负责教材发行及环境应对，全国农村发行战略及规划管理；张佩清副会长负责新华书店系统跨区域及全国连锁经营发展；哈九如副会长负责新华书店书城建设及卖场规划；鲁杰民副会长负责新华书店财务、成本管理及汇总统计。

7月14日　协会向各理事单位发出《新华书店70周年纪念活动征求意见

函》。向各理事单位及全国会员单位征集店庆活动方案。

7月28日 山东省新华书店协会成立。

8月3日 中国新华书店协会组织新华书店中小学教材招投标工作研讨会在西安召开。出席会议的有22个省（自治区、市）新华书店总经理、副总经理及相关部门负责人等50多人。会议学习了三部委下发的《中小学教材出版招投标试点实施办法》、《中小学教材发行招投标试点实施办法》等文件，并对目前正在进行的中小学教材招投标工作有针对性地进行了研讨。协会副会长、陕西省新华书店总经理陈志宏代表协会讲话；陕西省新闻出版局副局长陈建国致词，陕西省新华书店总经理助理杨吉力介绍了陕西省2005年秋教材招投标工作的具体情况和可借鉴的经验；广东省新华书店教材中心副经理吴泳、四川省教材中心经理熊晓旭、江西省新华书店副总经理罗惠荣分别介绍了本省中小学教材招投标的筹备工作情况。陕西新华凯迈传媒有限公司的专业人士作了商业（教材）招投标程序、方法和新华书店在新形势下的发展战略问题的知识讲座。北京大成新华认证咨询有限公司负责人作了关于ISO9000质量认证流程、认证的标准及特点的专题讲座。

12月6日 协会向各省（区、市）新华书店发出《关于统计2004年全国新华书店经营及资产情况的通知》。

2006 年

1 月 18 日　协会组织新华书店中小学教材招投标工作研讨会在北京举行。中小学教材招投标试点的省级新华书店代表及有关人员共计 18 人参加了会议。协会会长王俊国、常务副会长刘国辉、副会长陈志宏以及新闻出版总署出版物发行管理司发行处处长吕晓清、计财司产业政策处处长王泉等出席。来自 9 个试点省份的新华书店代表分别就本省招投标准备工作落实的重点、招投标工作流程以及可能面对的问题、困难和工作建议向会议进行了广泛的交流、沟通和讨论。

（中小学教材发行招投标十一个试点省份：福建、安徽、重庆、浙江、江西、山东、广东、广西、四川、云南、陕西）

2 月 22 日　协会向十一省、市中小学教材发行招标投标试点领导小组办公室发出《允许新华书店参加相关试点省中小学教材招投标的沟通函》。部分省、市新华书店反映，本省根据国家发改委、新闻出版总署、教育部《中小学教材发行招标投标试点实施办法》精神，为支持教材发行招投标改革，积极准备参加试点省、市的教材发行投标工作。但在投标资质审查中，有些地方招标办公室提出非本地区的新华书店是否符合"在招标地区具备有效配套的发行网络"条件的问题。《沟通函》指出：11 个试点省、市的发行网络在当地新华书店同意网络共享的条件下是符合参加投标的网络资质条件的。几十年来，在许多重点出版物发行中，都是通过全国新华书店系统网络共享、协调进行。在中小学课本、大中专教材发行中，网络共享、系统协调的特点就更为明显。历年来，为了保证实现"课前到书、人手一册"的目标，全国新华书店的发行网络在教材调运中，都是密切协作，全力支持，无条件共享的。在教材招投标的新形势下，只要当地新华书店同意给予外省新华书店投标人实行网络共享，是完全可以保证投标人的发行网络符合招标资质要求的。按照国家发改委的改革精神，要积极鼓励和支持各地发行单位跨地区参加投标，以利于引入竞争，促进招标单位更好实现招标的目标。根据这一精神，相关部门应对跨省投标的发行单位给予支持。

5月28—30日　协会于南京市召开协会会长办公会。商讨协会第一届第三次理事会会议内容；研究新华书店70周年店庆方案；讨论协会工作方向进行；讨论新华书店商标品牌评估事项的推进工作。

5月　协会聘请中国商标专利事务所代理，在22个国家申请注册"新华书店"商标。22个国家是：澳大利亚、日本、韩国、越南、新加坡、英国、美国、奥地利、比利时、荷兰、卢森堡、法国、德国、意大利、蒙古、波兰、葡萄牙、罗马尼亚、俄国联邦、西班牙、瑞士、乌克兰。除韩国外，中国新华书店协会已获得世界知识产权组织马德里国际注册局的注册证明。

6月26日　协会向新闻出版总署上报《关于新华书店系统改制及上市后使用"新华书店"注册商标情况的报告》。协会6月23日收到上海新华发行集团有限公司《关于上海新华传媒股份有限公司使用"新华书店"商标的申请》。经研究作出了《关于上海新华传媒股份有限公司使用"新华书店"商标申请的批复》。同意"上海新华发行集团有限公司"在进入上海新华传媒股份有限公司后的业务范围内，继续使用"新华书店"商标。

7月4—6日　协会召开一届三次理事会。与会者原则通过了《新华书店成立70周年庆典活动方案（草案）》，并围绕拟开展的各项活动提出了意见及建议。会议宣布了新华书店70周年纪念活动组委会成立，并对各项店庆活动的实施作出分工。会议讨论通过了《中国新华书店协会2005年工作总结暨2006年工作重点》；会议征求了对《新华书店服务商标使用管理规则》（草案）的修改意见；通报了教材招投标试点地区新华书店（集团）教材竞标情况；通报2005年协会财务收支及年度审计情况；介绍有关"新华书店"服务商标评估方案的相关情况，并听取对此项工作实施的意见；通报"新华书店"

商标境外注册以及申报驰名商标的进展情况。

7月31日—8月3日 协会在北京召开新华书店70周年店庆活动联络员及协会会刊、网站通联站会议。通报《新华书店成立70周年活动方案》；研究安排新华书店成立70周年店庆活动组织机构及具体工作；研究落实新华书店70周年纪念活动期间及下一年度协会专刊及网站重点选题的组织策划及安排；颁发特约记者、通讯员聘书，对2005—2006年度优秀通联站、优秀特约记者、通讯员、优秀稿件予以表彰和奖励；讨论宣传协会工作、扩大会刊、网站影响，树立形象、扩大会刊发行等事宜。

8月10—14日 协会在北京举办图书发行企业财务账务处理及税收筹划研讨班。研讨主旨：学习财会管理、预算管理、税收管理等知识，按现代企业要求规范财务工作。研讨培训内容：新华书店转制后的财务管理方向；新形势下发行企业财务管理工作要求；新形势下财税政策的制定；学习贯彻财政部《关于文化体制改革中经营性文化事业单位转制后企业若干财务政策问题的通知》和有关财税政策问题的相关内容；图书发行企业财务工作实务。

8月14日 协会向各常务理事单位发出《关于征集新华书店70周年纪念活动主题词及新时代"新华精神"内容的通知》。通知要求主题词：思想明确，时代感强，文字简练。新华精神：内容既要反映出新华书店的悠久历史、光荣传统，又要具有强烈的当今时代特点和改革开放、创新意识、社会责任感。

8月18日 协会向新闻出版总署上报了《关于提请新闻出版总署会同国家人事部举办"全国新华书店系统优秀工作者及先进集体表彰活动"的报告》。

9月3—5日 协会于重庆召开第一届第二次常务理事会扩大会议，确定了全国新华书店70周年纪念活动方案。会议由协会会长王俊国主持，协会各副会长、常务理事单位领导及新闻出版总署出版物发行管理司发行处吕晓清处长参加了会议。会议对四川新华发行集团董事长、中国新华书店协会副会长王庆同志不幸因公殉职致哀悼念。协会秘书长张雅山对全国新华书店 70 周年纪念活动组委会的组成、新华书店 70 周年纪念活动总体方案及各专项活动方案做了说明；秘书处有关负责人对纪念徽标、纪念品的制作及整体活动经费预算进行了说明。

会议讨论通过举办九项店庆活动包括：敬请党和国家领导人为新华书店成立 70 周年题词；国家人事部、新闻出版总署表彰新华书店系统优秀工作者及先进集体评选活动实施方案；从事新华书店 30 周年工作荣誉证书认证实施方案；新华书店 70 周年征文活动实施方案；新华书店 70 周年文艺庆典晚会实施方案；店庆宣传月活动实施方案；新华书店 70 周年摄影书画展活动实施方案；庆祝新华书店成立 70 周年纪念邮品、工艺礼品征订发行实施方案；编辑全国新华书店 70 周年纪念画册和纪念文集。

9 月 15 日 协会向新闻出版总署上报了《关于组织新华书店 70 周年纪念活动的请示报告》。

新闻出版总署对纪念新华书店创建 70 周年活动给予高度重视，将其列为 2007 年工作重点之一。龙新民署长多次过问新华书店 70 周年纪念活动，并对有关工作作出具体部署。总署决定将新华书店 70 周年有关活动纳入第 17 届全国书市总体活动中，将第 17 届全国书市晚会与新华书店 70 周年店庆晚会合并举行，既借新华店庆为书市添新，又借书市平台加大新华 70 华诞喜庆氛围。龙新民署长为晚会定名为"书香神州遍地香"。

9 月 20 日 协会向各省（区、市）新华书店（集团）发出《关于印发全国新华书店 70 周年纪念活动方案的通知》。协会秘书处根据会长办公会、理事会及常务理事会在全国新华书店系统举行新华书店 70 周年纪念活动的决定，制订了新华书店 70 周年各项纪念活动方案。随《通知》发出《新华书店 70 周年各项纪念活动方案》。

10 月 11 日 协会向新闻出版总署上报了《关于报送新华书店 70 周年纪念活动主题词、徽标等方案的报告》。协会理事会和常务理事会会议经讨论、审议，并在中国新华书店协会网站对备选方案进行了投票评选，依据票数多少，最终精心选定了新华书店 70 周年纪念活动的主题词、徽标、吉祥物，以及新时期"新华精神"的内容。新时期"新华精神"为：艰苦创业的拼搏精神，传播知识的背篓精神，周到热情的服务精神，服务社会的奉献精神，以人为本的合作精神，科学发展的务实精神，建设文明的奋斗精神，自我完善的涅槃精神，不断攀登的创新精神，勇挑重担的牺牲精神。

10 月 26—31 日 由协会主办、湖北省新华书店集团承办的全国新华书店 70 周年店庆活动工作会议在武汉召开，来自全国各省（区、市）新华书店店庆活动联络员的 30 余位代表参加了会议。

11 月 25—28 日 协会于桂林举办新华书店品牌与无形资产运用战略发展研讨班。参加人员为各省（区、市）新华书店（集团）及各级新华书店企业经营战略制定负责人及企划部门经理。培训内容为：品牌的形成要素与无形资产的开发管理；作为新华书店品牌的使用者，如何提高企业经营与运用能力；品牌战略对企业生存发展的相关意义，对知名品牌如何深化开发与运用；品牌作为无形资产，在企业日常经营与发展中，如何运用有据，操作有序，保护有力；如何进行品牌宣传。

12 月 6 日 协会向各省（区、市）新华书店（集团）发出《关于店庆宣传月出版物展销活动实施要求的通知》。要求参加店庆宣传月出版物展销活动的书店，应在店堂显要位置悬挂"庆祝新华书店成立 70 周年出版物展销月"及"庆祝 70 华诞，真情回报读者"活动主题横幅。店庆 70 周年纪念活动组委会统一推荐展销出版物，以此活动向图书、音像等出版单位及相关企业进行广告宣传募资，为店庆筹集经费，创建展示销售平台。各省在省内选择 20—50 家 500 平方米以上的大中型书店，作为本次店庆出版物展销活动的核心店。核心店要求辟出专门陈列展示区（50—100 平方米），并按店庆活动组委会的统一要求布置。

12 月 22 日 协会于海口举办新华书店建立 ISO9000 质量管理体系经验交流会。全国各省（区、市）新华书店（集团）的高级管理人员参加了会议。会议围绕 ISO9000 标准与新华书店管理模式的关系、ISO9000 标准在新华书店贯彻实施方法和意义、新华书店运用 ISO9000 管理模式的经验介绍、已通过认证的新华书店如何应对每年的监督审核及目前体系过程中存在的问题、有效运行 ISO9000 质量管理体系提高新华书店质量管理水平和连锁经营的思路进行交流研讨。

2007 年

1 月 11 日 协会于北京召开"新华书店股份制改造及上市推进研讨会"。各省（区、市）新华书店总经理、发行集团董事长（总经理）参会。会议就国有新华书店股份制改造过程中遇到的问题、改制方向、如何推进上市等问题进行了研讨交流。

1 月 29 日 协会转发了国家人事部、新闻出版总署联合发出的《关于评选全国新华书店系统先进集体、先进工作者和劳动模范的通知》。通知明确了评选范围、评选条件、评选办法、评选要求，奖励办法、组织领导、评选机构。

3 月 13 日 协会于重庆召开协会常务理事扩大会议，通报新华书店 70 周年店庆活动进展情况，听取各省新华书店对有关店庆活动的建议和意见，审看情境音舞诗画《新华人》的排演。会上，新闻出版总署发行司司长范卫平传达了总署领导对新华书店 70 周年店庆的有关指示精神，提出对店庆工作要精心筹划，实事求是，严密组织，务求实效。协会会长王俊国就店庆工作提出要求。

3 月 21 日 协会向各省（区、市）新华书店（集团）发出《庆祝新华书店成立 70 周年店庆宣传月出版物展销"百种千家"同贺活动实施方案》。经过店庆组委会办公室的积极友情招商工作，最终有中国出版集团、六家出版社及二家业外机构确定成为新华书店 70 周年纪念活动友情赞助企业，并推荐八种图书，参加店庆宣传月出版物展销活动。随通知发出了《参展出版社名单、书目及图书分配数量》。

3 月 23 日—4 月 24 日 协会举行以"庆祝 70 华诞，真情回报读者"为主题的店庆宣传月活动。各省新华书店于 2007 年 3 月 24 日选定一家省报刊登宣传月广告，形成全国同贺新华书店 70 华诞的高潮。活动期间，店庆组委会统一制作了海报、吊旗、促销赠品。各店选出地段优势的门店统一展出包括人民文学出版社、商务印书馆等在内的若干家出版社的图书和本省出版社优秀图书。

4 月 17 日　协会在延安市举行图书捐赠仪式。协会组织各省（区、市）新华书店向延安希望小学捐赠图书。此项活动得到全国各店的积极响应，活动结束时共收到 30 个省捐赠图书 100 万元。陕西省新华书店集团几赴延安，在陕西省委、延安市政府的支持协助下，向延安市教育局捐赠了价值 100 万元的图书，使包括沟乡中心小学、李渠乡中心小学等 50 所希望小学得到捐助。

4 月 24—25 日　《新华人》文艺晚会于重庆市劳动人民文化宫上演。以情景音舞诗画的形式，通过《毛主席给咱题了词》、《欢乐鼓舞》、《我们的老家在延安》等 19 个精彩剧目，重现了新华人一步步从艰苦创业走向辉煌改革的发展之路，讴歌了新华书店、新华人，展示了新一代新华人积极进取、拼搏创新的感人风采，提高了全国新华书店的同心力、凝聚力。演出获得成功，总署领导、重庆市政府领导给予充分肯定与赞赏。庆典晚会由重庆新华书店集团公司承办。他们对这台晚会给予了高度重视，投入了大量时间、人力和精力，付出了艰辛的努力。

4 月 25—30 日　第 17 届全国书市期间，由协会主办、重庆新华书店集团公司承办的"全国新华书店系统摄影书画展"在重庆国际会展中心展出。全国新华书店系统员工（含离退休人员）积极参展，共收到来自全国 28 个省市店的 645 幅作品。其中书法作品 235 幅，绘画作品 196 幅，摄影作品 203 幅。经评委会评选出摄影、书法、绘画一、二、三等奖和优秀奖各 60 名。在重庆国际会展中心举行的摄影书画展吸引了参加全国书市的同业及业外参观者的目光。此次展览展示了新华人的风采，提升了新华书店在行业内外的影响力。

4 月 27 日　新闻出版总署和国家人事部于北京京西宾馆召开纪念新华书

店创建 70 周年暨全国新华书店系统先进集体、劳动模范和先进工作者表彰大会。中央领导对新华书店成立 70 周年给予高度关心重视。中共中央政治局常委李长春同志给大会发来贺信、接见了获奖代表并与代表合影。中宣部部长刘云山、国务委员陈至立等中央领导参加大会。刘云山同志做了重要讲话。两部委的表彰极大地鼓舞了新华员工的士气，提升了广大干部职工的荣誉感、责任感。协会会长王俊国代表全国新华书店在大会发言。

同月 由"新华书店 70 周年纪念活动组委会"编辑的《书香神州遍地春·新华书店 70 周年纪念文集》、《70 周年铸辉煌·新华书店 70 年纪实》定稿付样。

《纪念文集》分两部分：第一部分为各省（区、市）新华书店（集团）老领导、老职工从历史的角度，以各店史料为依托记述的新华书店各历史时期的典型人物、历史事件、光辉业绩的回忆文章。四川省新华书店集团承担了稿件的初选工作。此书共收集了包括总店在内的 31 个省（市、区）的共 112 篇文章；第二部分为在新华书店 70 周年征文评选中获一、二、三等奖及优秀奖的获奖作品。获奖作品包括社会读者文章在内共计 65 篇。《纪念文集》72 万字，由中国大百科全书出版社出版。

《70 年纪实》撰稿执笔人尹承千（原湖南省怀化市新华书店经理）。此书以中国革命和建设事业中所发生的一系列重大事件为背景，以历代新华人艰苦卓绝的奋斗业绩为题材，将新华书店的诞生、成长、发展、壮大、创新，将新华书店的历史集于一书，客观、全面、系统地描绘叙述了新华书店走过的 70 周年光辉历程。《70 年纪实》41 万字，由三联书店出版。

5 月 协会为使一生奋斗在图书发行岗位上的老同志的功绩得以见证，同时激励新一代新华人努力作好发行工作、爱岗敬业，店庆期间组织全国各省（区、市）店开展了对本省在职人员工作年限的认证工作。各店人事部门为此付出了大量的劳动，对本省及本省范围内（包括不在管辖之内的市、县店）符合条件的在岗人员进行认真的工作年限核实、统计。店庆结束前，协会共发出荣誉证书、证章：5—29 年 81400 个（枚），30 年以上 15200 个（枚）、40

年以上 3200 个（枚），这些证书及证章均于店庆日前发至职工本人。

6 月 25 日　协会于南昌召开协会理事会暨 70 周年纪念活动总结会。各省（区、市）新华书店（集团）共 70 人参加了会议。协会常务副会长刘国辉主持会议。秘书长张雅山做店庆活动总结。协会秘书处就协会换届及机构调整方案做了说明，会上向新华书店 70 周年征文及摄影书画展获奖者颁发了获奖证书。会长王俊国做会议总结并对下一步工作提出要求。

同月　协会分别于厦门、桂林举办了两期"新华书店系统新会计准则与新税制改革研修班"，130 多名新华书店财务主管及财会人员参加了学习。学员反映，通过学习及时了解了最新税制改革动态，熟悉了最新财税政策，提高了工作能力。

8 月 27 日　"新华书店"被国家商标总局和商标评审委员会认定为驰名商标。这对新华书店商标的进一步拓展、维护与利用打下了重要的基础。

9 月　协会主办、贵州省店承办的省店办公室主任及协会会刊通联会在贵阳举行。

10 月 24—25 日　协会与《中国图书商报》联合主办、北京丰联文化发展有限公司承办的"2007 年整合营销传播与大型图书卖场营销高级研修班"在北京举行，来自全国各地书店的 50 多名代表参加了活动。

11 月　协会于昆明举办了新《劳动合同法》解读与新华书店企业劳动用工专题研修班。通过学习，大家对劳动合同立法的主要内容及新规定有了进一步的认知，用人单位提高了解决劳动合同管理和风险防范的能力。

12 月 6—7 日　协会在广州召开由各省市新华书店总经理参加的专题会议。根据三部委制定的办法和方案，中小学教材发行竞标工作将从 2008 年秋开始在全国范围内全面推开。会上通报了 2008 年中小学教材招投标工作的新情况及相关信息，听取各级新华书店对此项工作的意见及建议。根据这些意见及建议，协会向中宣部、国家发改委、总署及教育部上报了《关于中小学教材发行竞标工作全面推开的情况反映》。对中小学教材发行招投标工作起到了事关重要的作用。

12 月　协会于深圳、海口举办了两期"新华书店系统连锁经营与物流配送研讨班"。通过学习大家对如何采集物流相关数据，建立物流信息化平台有了新的认识，提高了采用先进的物流管理理念和技术制定相关发展计划的能力。

2008 年

1月7日 协会向各中小学教材招投标试点省（市、区）、新华书店（集团）发出《有关中小学教材发行招投标工作经验的征集函》，征集在以往教材招投标中曾经遇到的问题、招标操作程序，以及处理相关问题的体会与经验。方便各省级单位主动应对教材发行的改革工作。

2月27日 协会向天津市人民政府发出《关于协调解决保留新华书店店招的函》，请天津市政府考虑新华书店行业特点、品牌特色，准予天津市新华书店在所属卖场保留该注册商标。

3月22日 协会在贵阳举办了"新会计制度、准则、企业所得税法及其实施条例解读与企业操作实务及应对"培训班，由国家会计学院专家授课。来自北京、新疆、山东、福建等省市的 51 名新华书店系统财务人员参加了培训。

5月13日 汶川地震第二天，协会向四川新华发行集团有限公司发出慰问信。并联系四川新华发行集团有限公司，了解到灾区新华书店的震情。

5月16日 协会向全国新华书店发出捐款倡议。在捐款活动中，省（区、市）新华书店（集团）捐款的有 23 家：出版社捐款的有 6 家，以个人名义捐款的有 37 人，民营企业捐款的有 4 家。共收到捐款 2657471.13 元。协会组织的这次捐款活动得到新闻出版总署的充分肯定，在总署主管的协会中，是唯一发起组织定向捐款活动的协会。

5月23—30日 协会于长沙举办"2008 新华书店系统改制与投融资管理学习研讨班"。学习研讨内容包括：改制分流产权重组的总体方案难点问题及解决方式；改制过程中的清产核资、评估、界定及债权债务处理；人事制度改革的基本思路与操作；职工分流安置补偿方案及管理层、骨干员工和职工持股方案设计；如何建立和完善现代企业制度及法人治理结构；新华书店系统融资决策与风险管理策略；新华书店系统投资决策与风险管理；新华书店系统内部整合、外部并购，跨地域并购分析。

7月 协会分别于大连、西宁举办新华书店系统办公室工作高效管理与实用技能提高高级研修班。内容包括：办公室工作创新与效能提高；公文写作、会议活动、办公室自动化；办公室礼仪修养；办公室人际关系沟通问题分析与解决专题；办公室情绪管理与冲突管理；单位突发事件应对与危机处理专题。

9月16—22日 协会在长沙召开了会长办公会。会议通报了新闻出版总署对协会开展换届筹备工作并成立换届筹备领导小组的批复及协会换届程序；秘书处汇报了协会换届筹备工作进展；讨论了《协会第一届工作总结》；通报了第一届协会财务审计情况；通报了新华书店70周年店庆活动财务审计情况；讨论了《中国新华书店协会章程》修改稿；讨论了《新华书店服务商标使用管理规则》、《新华书店服务商标使用管理规则实施细则》修改稿；通报了全国新华书店向四川地震灾区新华书店捐款情况及四川新华发行集团对捐款款项的财务审计情况。

12月5日 协会向各理事单位发出《关于开展中国新华书店协会换届工作的通知》。根据《中国新华书店协会章程》和新闻出版总署《关于同意中国新华书店协会开展换届工作并成立筹备领导小组的批复》精神，协会换届筹备领导小组研究决定，本会于2009年1月初进行协会换届选举工作，并在北京举行"中国新华书店协会第二届全国会员代表大会"。随通知下发了《中国新华书店协会第二届会员代表大会参会代表名额分配表》。

2009 年

　　1 月 6 日　中国新华书店协会第二届全国会员代表大会在北京举行。各省（区、市）176 名会员代表出席会议。会议表决通过了第二届中国新华书店协会 71 家理事单位，选举产生了 35 家常务理事单位，会长王俊国，副会长卜景春、刘强、张军良、张佩清、汪季贤、陈锦涛、周卫滨、杨继祖、杨正肃、哈九如、秦玉莲、龚次敏，张雅山为秘书长、吕晓清为副秘书长的新一届中国新华书店协会领导机构。新闻出版总署副署长、国家版权局副局长阎晓宏出席会议并讲话，中国书刊发行业协会会长杨牧之代表兄弟协会对会议的召开表示祝贺，中国编辑学会会长桂晓风出席。中宣部出版局副局级巡视员王萍、国家工商总局商标局有关负责人出席会议。

　　协会第一届会长王俊国代表协会做了《第一届协会工作报告》，协会财务处长朱国新向大会做了《第一届协会财务审议报告》的说明和《新华书店 70周年纪念活动财务审计报告》的说明；协会秘书处向大会做了《中国新华书店协会章程（修订草案）》的说明。会议举手表决通过了《第二届协会会员会费收取办法》。

　　下午，第二届中国新华书店协会会长王俊国主持召开了第一次会长办公会。会议研究讨论了中国新华书店协会 2009 年工作计划并责成协会秘书处根据办公会的意见尽快形成文件下发各省（区、市）新华书店（集团）。

　　3 月 26 日　为配合中宣部、新闻出版总署开展的有关基层宣传思想文化队伍建设的调研工作，协会为能较全面地调查了解各地农村发行网点和农家书屋的建设发展情况，根据总署的有关具体要求，协会拟定了《有关农村图书发行网点及农家书屋建设发展情况的调研提纲》，下发各省（区、市）新华书店（集团），要求其结合本地实际，认真提供有关情况材料。协会对各店反馈回的农家书屋建设问题、建议及新华书店农村发行网点建设问题及建议作了认真的汇总和分析，并将这些问题、建议向总署作了专题汇报。

5月18日 协会理事会暨新华书店发展战略研讨会在南京举行。协会会长王俊国、新闻出版总署印刷发行管理司副司长谭汶及各地新华书店代表80多人参加了会议。会议对新形势下新华书店发展战略如何科学制订以及深化出版发行体制改革工作中遇到的问题进行了分析。会上，安徽、山东、四川、江苏、内蒙古新华书店（集团）负责人介绍了本省新华书店改革与发展过程中的经验与教训，结合各自具有特点的发展战略与大家交流探讨；中国出版科学研究所负责人从宏观市场的角度对新华书店的发展战略发表了独到的见解，指出了为实现各省新华书店发展战略大家迫切需要解决的问题。

同月 协会分别于贵阳、哈尔滨、西宁举办了三期新华书店系统财务管理及企业税务规划理论与实务研修班，有210名新华书店财务主管及财会人员参加了学习。学员反映，通过学习及时了解了最新税制改革动态，熟悉了最新财税政策，提高了工作能力。

7月24日 协会在南宁召开全国新华书店首届市场经营战略经理论坛，全国各地新华书店的150余名代表参加了论坛。广西新闻出版局局长邓纯东出席论坛并讲话。与会人员围绕新华书店传统主业经营管理经验、市场信息数据与经营战略、电子商务与新华书店的发展、新华书店多元化发展经验等议题展开讨论。山东新华书店集团实施"四位一体"企业"再造"工程战略、江西新华发行集团推进精细化管理，实施多元经营战略、江苏常州新华书店有限责任公司探索集团化下的基层新华书店发展之路、北京图书大厦打造全新概念国有大书城、珠海市新华书店拓展澳门市场等演讲受到代表们欢迎。

8月4日 协会发出《关于评选中国百名优秀出版企业家的通知》，在全国新华书店系统推荐人选。

10月 协会于长沙召开"农家书屋"建设研讨会，11个省（区、市）新华书店（集团）参加会议。其中，山东、云南、江苏、河南、湖南、江西、宁夏、河北8个省（区）新华书店（集团）做了主题发言，主要围绕新华书店在"农家书屋"出版物采购配送竞标中的做法和经验进行了阐述。会议就新华书店怎样将农家书屋建设纳入各级新华书店连锁经营范围、"农家书屋"怎样与新华书店农村发行网点建设相结合的经营模式及配合"农家书屋"工程建设，新华书店还应采取哪些具体措施等进行了探索和研讨。

12月10日 协会会刊编辑部向各省（区、市）新华书店（集团）发出《纪念中华人民共和国成立60周年新华人征文摄影大赛颁奖通知》。历时半年，以"反映新中国60年发展脉络、歌颂祖国建设成就、展示新华人风貌"为总主题的纪念中华人民共和国成立60周年新华人征文摄影大赛正式落下帷幕。经过评选，征文大赛评选出一等奖3名、二等奖5名、三等奖15名、优秀奖30名、组织奖5名；摄影大赛评选出一等奖2名、二等奖5名、三等奖10名、优秀奖60名、组织奖5名。

2010 年

1月7日　协会在北京召开 2010 中国新华书店发展论坛。论坛以树立创新意识，促进行业交流，把脉市场走向，探索在新的市场环境中社店合作新模式为主题，对图书发行市场发展做了重要研究与探讨。来自全国 20 余家省级新华书店（集团）及各地新华书店的领导 70 余人参加了会议。江苏新华发行集团总经理周斌、四川新华文轩连锁股份有限公司副总经理陈大利、北京新华中企技术公司总经理曹仁杰、中国出版科学研究所张晓斌、中国民主与法制出版社发行总监刘明清进行了演讲。

同月　协会同中国出版工作者协会、中国书刊发行业协会一起在北京图书订货会期间联合发布了《图书公平交易规则》。针对市场的混乱现象和新书乱打折的行为作出了规范，这是三个协会首次联合发布行业规则。但由于《反垄断法》于 2009 年正式生效，此规则受到了国家发改委的调查，经过三个协会的说明解释及协会对文件的多次修改，最终获得发改委认可，规则也于 2010 年 10 月正式发布。

4月20日　协会针对青海省玉树藏族自治州玉树县 4 月 14 日发生 7.1 级特大地震，玉树州新华书店受灾严重的情况，立即向全国新华书店（集团）发出了《关于向青海省玉树州新华书店捐款的倡议书》，并在协会网站公布了《倡议书》及《玉树州新华书店抗震救灾情况通报》。

此次募集捐款 140 多万元，青海省新华发行集团公司对全部捐款做专项审计，列出款项用途清单，协会向各省（区、市）新华书店（集团）进行了通报。

4月23日　协会在成都全国书博会期间召开会长办公会。会议讨论通过协会 2009 年工作总结和 2010 年工作计划；讨论研究组建中国新华书店"全国新华书店跨地区协作网"可行方案；通报了有关情况。

同月 协会对全国新华书店近 50 名财务管理人员进行了为期两天的培训。为帮助新华书店系统财务人员及时了解最新的税收改革动态和财务规定，规范财务行为，做好企业财务管理工作，协会本着为会员服务的目的，组织举办了新华书店企业内部财务预算管理培训班。

6 月 全国新华书店跨地区协作网（简称"一网通"）在上海举行成立大会，新闻出版总署副署长阎晓宏、印刷发行司司长王岩镔出席并讲话。中国新华书店"一网通"是由协会发起，由全体理事单位共同参与的全国性项目。通过信息互通、渠道连接、资源共享，实现"新华书店"整体实力的提升。为将全国各省（区、市）新华书店的信息平台、卖场平台、物流平台以及服务支持平台等有机地连接起来，充分发挥全国新华书店的品牌优势、渠道优势、卖场优势和网络优势，为传统发行业寻求新的经营模式与赢利商机，加快实现经济发展方式的转变，"一网通"项目得到了中宣部和新闻出版总署的高度肯定和全力支持，并将该项目列入中宣部"十二五"规划中新闻出版发展的重点项目及新闻出版总署"十二五"发展项目库。

8 月 28 日 协会于兰州召开协会常务理事单位办公室主任会暨协会会刊网站通联会。20 余省（市）新华书店办公室主任、会刊网站特约记者和通讯员代表参加。协会介绍了新华书店跨地区协作网的构思、启动和运行情况，要求各办公室主任积极配合各单位主管"一网通"工程领导作好各项工作。会议讨论修订了《中国新华书店协会会刊及网站通联站管理办法》，征集了代表们对通联站各项工作的建议和意见，探讨了会刊及网站第二个五年发展规划，为 2011—2012 年特约记者、通讯员代表颁发了聘书，对 2008—2009 年度优秀通联站，优秀特约记者、通讯员进行了表彰奖励。

9 月 16 日 协会、中国出版工作者协会主办，《全国大中专教学用书汇编》编委会承办的以"创新与转型中的多元合作"为主题的"2010 全国大中专教材公共论坛"在北京举行。60 余家出版社、发行单位的百余位代表参会。

12 月　经总署对外交流与合作司批准，协会组成以副会长卜景春为团长的访问代表团，出访国家为智利、古巴，出访团成员包括：卜景春、哈九如、刘强、吴力田、涂华。

2011 年

1 月 7 日 协会与《中国图书商报》在北京联合举办 2011 年中国书业营销创新论坛暨全国新华书店"一网通"开通仪式。

4 月 协会举办新华书店企业内部财务预算管理培训班，对全国新华书店近 50 名财务管理人员进行了为期两天的培训。

5 月 5 日 协会向各理事单位发出《关于开展 2011 年新华书店系统调研问卷的通知》。

5 月 22—26 日 协会于沈阳召开 2011 年协会理事会。会议报告了 2010 年协会工作总结及 2011 年工作计划；通报全国新华书店"一网通"工作进展情况；通报了成立新华书店企业形象推广中心相关事项及说明；围绕建党 90 周年协会准备开展的几项活动及说明；通报了青海玉树捐款审计情况；通报了会费收取情况。各省（区、市）新华书店（集团）董事长及总经理，各省会城市新华书店董事长及总经理，深圳、青岛、大连、宁波、厦门、绥芬河、延安、常州、珠海、大理州、枣强等市县店及北京图书大厦总经理参加了会议。5 月 24 日下午，与会代表全体赴长春，考察吉林省出版发行改革成果。5 月 26 日下午，与会代表全体赴哈尔滨参加全国第二十一届图书博览会。

8 月 5 日 协会向新闻出版总署上报了《关于中国图书进出口（集团）公司在海外开办新华书店获取中国新华书店协会授权及履行相关协议的说明》。

8 月 31 日 协会向新闻出版总署上报《关于与总署印刷发行管理司共同主办全国新华书店系统业务知识技能大赛的请示》。协会为引导新华人勤奋学习专业技能，知书爱书，爱岗敬业，发扬传统，再创辉煌，拟在新华书店创建 75 周年之际，在全国开展新华书店系统业务知识技能大赛。随《请示》上报了《全国新华书店系统业务知识技能大赛活动策划方案》、《全国新华书店系统业务知识技能大赛比赛手册》。

9月20日 协会在西安召开协会常务理事单位办公室主任会暨协会会刊网站通联会。25个省市新华书店近50名办公室主任、会刊网站特约记者和通讯员代表参加了会议。会议讨论了《全国新华书店业务技能大赛活动方案》，贯彻部署围绕活动方案开展的各项工作。会上向建党90周年新华人征文摄影大赛1—3等奖及优秀奖获奖者颁奖。

10月20日 协会于北京召开"全国新华书店业务技能大赛比赛方案研讨会"。根据讨论结果，会议决定由浙江省新华书店集团公司及江苏省新华书店集团公司对《全国新华书店业务技能大赛比赛方案》进行修改完善。

10月31日 协会向各省（区、市）新华书店（集团）发出《全国新华书店业务技能大赛比赛方案》。协会要求各单位认真做好大赛的各项组织落实工作。

11月3日 协会向中宣部出版局、新闻出版总署上报《关于延安市新华书店申请中国红色书店项目专项资金的请示》。10月，协会收到陕西新华发行集团有限责任公司报来的《关于延安市新华书店中国红色书店项目申请资金的请示》。协会认为该项目符合十七届六中全会精神，是推进红色文化发展与繁荣的具体行动。协会积极支持，同时将此请示报告中宣部和新闻出版总署，恳请得到专项资金的支持。

11月23日 协会于丽江举行"新华书店第一店招揭牌仪式"并召开新华书店继承传统与时俱进研讨会。来自全国17个省（区、市）新华书店40余人到会，丽江市副市长杨一奔到会祝贺并讲话。云南丽江市新华书店成立于1950年，至2011年仍保留着一块建店初期的"新华书店"店招，该店招具有61年历史，实属新华书店系统保存时间最久且最为完整的一块店招。在建党90周年和建店75周年之际，这块店招更具珍贵的历史价值及纪念意义。为回顾新华书店的历史及发扬光大新华传统，缅怀老一辈新华人的创业精神，特命名丽江市店此店招为"新华书店第一店招"。

12 月 8 日　协会于北京召开"全国新华书店系统业务技能大赛"《比赛实施细则》审定会。根据《全国新华书店系统业务技能大赛比赛方案》的规定，经大赛组委会研究决定，委托浙江、江苏、山西、四川、黑龙江五省新华书店承办全国大赛的各单项项目赛决赛并制定比赛项目的《比赛实施细则》。

12 月 16 日　按照全国新华书店"一网通"工程的发展目标，为使全国新华书店系统信息平台成为行业上、中、下游以及读者共享的信息资源平台，协会委托深圳一家专业公司开发设计的"新华书店信息平台"的审定评估会在京召开。总署科技司、全国标委会和协会的领导及行业专家等 19 人参加了会议。此项工作是全国新华书店"一网通"工作的一部分，已进行了两年多的调研，走访调研了 19 个省级新华书店集团、七家大型出版社、新华书店批发商、零售卖场及物流部门。此平台的推广开通将对业内的信息孤岛现象和资源共享都有切实的解决方案。评估会对平台提出了很多好的建议和改进意见，对平台的完善和可控性都有很好的帮助，也对下一步的工作奠定了重要基础。

同月　国家发改委价格监督司与协会联系，就市场中图书价格引发的系列问题进行了解。协会联合中国出版工作者协会、中国书刊发行协会一起共同参与，协助发改委出台《图书限价销售豁免规定》初稿。协会秘书处联合版协、发行共同与发改委进行调研座谈，并将此事向阎晓宏副署长及总署发行司专题汇报，为《图书限价销售豁免规定》进一步落实发挥作用。

2012 年

2月14日　协会向各省（区、市）新华书店（集团）发出《关于征订新华书店成立70五周年纪念徽章的通知》。为纪念新华书店成立75周年，中国新华书店协会企业形象推广中心特委托新华盛章文化发展（北京）有限公司，设计制作了新华书店75周年纪念徽章。徽章正面为1937年新华书店于延安清凉山创建时的旧址，新华书店店招为毛泽东同志1948年12月于西柏坡所题。

3月8日　协会向各省（区、市）新华书店（集团）发出《关于下发2012年全国新华书店业务技能大赛补充实施细则的通知》。

3月30日　2012年全国新华书店业务技能大赛"图书造型"项目决赛于杭州举行。此次单项决赛由浙江省新华书店集团有限公司承办。

"图书造型"项目决赛获奖名单

一等奖

湖南省新华书店有限责任公司	杨　芳
浙江省新华书店集团有限公司	王璐梦
河北省新华书店有限责任公司	郭欣荣
甘肃新华书店集团有限责任公司	王　超
江苏凤凰出版传媒股份有限公司	尤建国
山西新华书店集团有限公司	王玉萍

二等奖

新疆维吾尔自治区新华书店	吐尔逊娜依·买买提
陕西新华发行集团有限责任公司	王　冬

山东新华书店集团有限公司	王为鹏
新华文轩出版传媒股份有限公司	杨　薇
安徽新华发行（集团）控股有限公司	蒯东梅
广西新华书店集团有限公司	韦　熙
北京发行集团有限责任公司	赵　敬
云南新华书店集团有限公司	翁　轶
黑龙江省图书音像发行集团	战　美
辽宁省新华书店有限责任公司	张　坤

三等奖

上海新华传媒连锁有限公司	倪慈清
天津新华发行有限责任公司	张智鑫
江西新华发行集团有限公司	熊晓春
福建新华发行（集团）有限责任公司	郑莲凤
内蒙古新华发行集团股份有限公司	闫　莉
广东新华发行集团股份有限公司	何慧仪
吉林省新华书店集团有限责任公司	丁幻婷
海南凤凰新华出版发行有限责任公司	黄嘉懿
河南省新华书店发行集团有限公司	郭辉辉
重庆新华书店集团公司	舒　渝
宁夏回族自治区新华书店	王　雪
湖北省新华书店（集团）有限公司	夏　青

4月13—14日　2012年全国新华书店业务技能大赛"图书推介"项目决赛在哈尔滨举行。此次单项决赛由黑龙江省图书音像发行集团承办。

"图书推介"项目决赛获奖名单

一等奖

| 湖南省新华书店有限责任公司 | 徐晓敏 |

河北省新华书店有限责任公司	郑子萍
黑龙江省图书音像发行集团	王 蕊
山东新华书店集团有限公司	袁黎明
北京发行集团有限责任公司	李 薇
江西新华发行集团有限公司	黄有为

二等奖

浙江省新华书店集团有限公司	李 嘉
江苏凤凰出版传媒股份有限公司	马 骊
甘肃新华书店集团有限责任公司	曹燕侠
云南新华书店集团有限公司	胡 丹
辽宁省新华书店有限责任公司	李海静
内蒙古新华发行集团股份有限公司	吴 华
山西新华书店集团有限公司	田 萍
陕西新华发行集团有限责任公司	何 玉
吉林省新华书店集团有限责任公司	王 超
新华文轩出版传媒股份有限公司	陈 敏

三等奖

福建新华发行（集团）有限责任公司	黄旭东
重庆新华书店集团公司	黄 锐
上海新华传媒连锁有限公司	戴 砚
新疆维吾尔自治区新华书店	蔡 婧
宁夏回族自治区新华书店	李冬芝
安徽新华发行（集团）控股有限公司	刘培培
广西新华书店集团有限公司	李滨成
湖北省新华书店（集团）有限公司	艾东辉
天津新华发行有限责任公司	侯 玥
河南省新华书店发行集团有限公司	陈小娟

海南凤凰新华出版发行有限责任公司　　　苏　丽

4 月 18 日　2012 年全国新华书店业务技能大赛"计算机中文及数字录入"项目决赛于太原举行。此次单项决赛由山西新华书店集团有限公司承办。

"计算机中文及数字录入"项目决赛获奖名单

一等奖

山西新华书店集团有限公司　　　　　　王　芳

浙江省新华书店集团有限公司　　　　　俞冬良

广西新华书店集团有限公司　　　　　　邓　敏

福建新华发行（集团）有限责任公司　　陈　怡

北京发行集团有限责任公司　　　　　　任　哲

江苏凤凰出版传媒股份有限公司　　　　刘海燕

二等奖

黑龙江省图书音像发行集团　　　　　　徐　辉

山东新华书店集团有限公司　　　　　　王　莹

新华文轩出版传媒股份有限公司　　　　刘　垠

海南凤凰新华出版发行有限责任公司　　颜晓慧

河北省新华书店有限责任公司　　　　　田伟伟

上海新华传媒连锁有限公司　　　　　　刘旻月

江西新华发行集团有限公司　　　　　　王　玲

甘肃新华书店集团有限责任公司　　　　徐春荣

安徽新华发行（集团）控股有限公司　　侯宇华

新华书店总店　　　　　　　　　　　　王　佳

三等奖

湖南省新华书店有限责任公司　　　　　杨　帆

湖北省新华书店（集团）有限公司　　　田　琳

河南省新华书店发行集团有限公司　　　霍文搏

天津新华发行有限责任公司	刘　津
吉林省新华书店有限责任公司	王　丹
宁夏回族自治区新华书店	苏海侠
内蒙古新华发行集团股份有限公司	郭彩云
辽宁省新华书店有限责任公司	赵　静
陕西新华发行集团有限责任公司	杨新红
新疆维吾尔自治区新华书店	张　洁
云南新华书店集团有限公司	许　佳

4月18日　山西、江西、黑龙江等11个省店就中小学教辅材料发行乱象纷呈、高定价低折扣、不正当竞争等问题向协会反映情况，请协会向相关部门反映并予以协调解决。协会根据这一反映向教育部、新闻出版总署、国家发展和改革委、国务院纠风办上报了《关于呈送全国部分省市新华书店反映中小学教辅材料发行问题的紧急报告》，请相关部门予以支持。

报告阐述：自教育部、新闻出版总署、国家发改委、国务院纠风办《关于加强中小学教辅材料使用管理工作的通知》（以下简称《通知》）出台以来，在全国教育界和出版发行业引起了巨大反响。新华书店系统坚决拥护《通知》精神，积极支持国家加强教辅材料使用管理、规范教辅市场的举措。协会认为，《通知》中应明确规定新华书店为中小学教辅材料的发行渠道。

4月27日　2012年全国新华书店业务技能大赛"手绘POP制作"项目决赛于成都举行。此次单项决赛由新华文轩出版传媒股份有限公司承办。

"手绘POP制作"项目决赛获奖名单

一等奖

北京发行集团有限责任公司	杨　杨
新华文轩出版传媒股份有限公司	张　璐
江苏凤凰出版传媒股份有限公司	蒋　峥
广西新华书店集团有限公司	王映泉

甘肃新华书店集团有限责任公司	高　志
浙江省新华书店集团有限公司	卢列其

二等奖

云南新华书店集团有限公司	冷　冰
山西新华书店集团有限公司	南建军
新疆维吾尔自治区新华书店	宋　嫣
福建新华发行（集团）有限责任公司	王乐生
吉林省新华书店有限责任公司	张钟楠
辽宁省新华书店有限责任公司	张　旺
宁夏回族自治区新华书店	郭　杰
河北省新华书店有限责任公司	杨　勇
江西省新华发行集团有限公司	聂　勇
上海新华传媒连锁有限公司	陈正平

三等奖

新华书店总店	赵　亮
湖南省新华书店有限责任公	肖婷文
河南省新华书店发行集团有限公司	杨　珂
海南凤凰新华出版发行有限责任公司	邹海明
重庆新华书店集团公司	张庆伟
陕西新华发行集团有限责任公司	刘　勃
山东新华书店集团有限公司	王　君
内蒙古新华发行集团股份有限公司	秦　毅
天津新华发行有限责任公司	常如愿
黑龙江省图书音像发行集团	穆长军
安徽新华发行（集团）控股有限公司	夏晨洁
湖北省新华书店（集团）有限公司	刘文泉

5月11日　2012年全国新华书店业务技能大赛"售书连续作业"项目决

赛于南京举行。此次单项决赛由江苏凤凰出版传媒股份有限公司承办。

"售书连续作业"项目决赛获奖名单

一等奖

浙江省新华书店集团有限公司	张 蕾
福建新华发行（集团）有限责任公司	王丹峰
山东新华书店集团有限公司	迟典兴
江苏凤凰出版传媒股份有限公司	陈 燕
新华文轩出版传媒股份有限公司	杜 娜
上海新华传媒连锁有限公司	周 莉

二等奖

江西新华发行集团有限公司	余亚峰
吉林省新华书店集团有限责任公司	孙 雪
甘肃新华书店集团有限责任公司	祁丽媛
北京发行集团有限责任公司	张 斌
新疆维吾尔自治区新华书店	查 莉
山西新华书店集团有限公司	樊 静
内蒙古新华发行集团股份有限公司	岳美霞
安徽新华发行（集团）控股有限公司	徐 燕
宁夏回族自治区新华书店	李自强
湖北省新华书店（集团）有限公司	卢元敏

三等奖

广西新华书店集团有限公司	刘展甫
云南新华书店集团有限公司	寸 黎
河北省新华书店有限责任公司	李 洁
河南省新华书店发行集团有限公司	张文玲
陕西新华发行集团有限责任公司	王 彬

湖南省新华书店有限责任公司	张　伟
辽宁省新华书店有限责任公司	马　卓
黑龙江省图书音像发行集团	管　平
重庆新华书店集团公司	舒曼玲
海南凤凰新华出版发行有限责任公司	薛纯如

5月18日　协会向各省（区、市）新华书店（集团）发出《全国新华书店业务技能大赛宁夏书博会颁奖及汇报表演方案的通知》。《通知》对场馆布置、颁奖及表演形式、项目承办单位分工做了规定。

5月31日　协会在银川第二十二届书博会期间召开常务理事会。各省（区、市）新华书店（集团）董事长（总经理）、哈尔滨市店、深圳市店总经理共计70余人参加了会议。会议通报了协会2012年的工作计划和2011年工作总结；对新闻出版总署组建国家骨干流通集团设想有关调研情况进行通报；研究2012年全国新华书店"一网通"工作重点；对全国新华书店业务技能大赛进行小结；通报了全国新华书店业务技能大赛在银川书市汇报表演准备情况；通报了关于成立新华书店协会企业形象推广中心及进行新华书店标识完善和推广工作；明确了协会下半年工作重点。会议一致通过了协会2011工作总结与2012年工作计划，通过了会议讨论的各项议题。

6月1日　全国新华书店业务技能大赛颁奖及汇报表演在宁夏第二十二届书博会场馆内举行。场馆内设比赛项目成果展示区、现场表演区及颁奖区。现场表演区内，各比赛项目获前6名的选手向署领导及宁夏自治区的领导进行了汇报表演。颁奖仪式上，总署领导和宁夏自治区政府的领导为业务技能大赛光荣榜揭牌，并为获得个人奖及团体奖的代表颁奖。柳斌杰署长在颁奖大会上做了重要讲话。颁奖仪式后，署领导、宁夏自治区领导与30位优胜选手及到会的各省（区、市）新华书店（集团）领导合影。

6月18日　协会向各省（区、市）新华书店（集团）发出了《全国新华书店业务技能大赛各单项决赛、突出贡献奖及团体总分等获奖名单》（注：单项决赛获奖名单参看各单项比赛）。

突出贡献奖

江苏凤凰出版传媒股份有限公司

浙江省新华书店集团有限公司

新华文轩出版传媒股份有限公司

黑龙江省图书音像发行集团

山西新华书店集团有限公司

团体总分奖

第一名　浙江省新华书店集团有限公司

第二名　江苏凤凰出版传媒股份有限公司

第三名　北京发行集团有限责任公司

第四名　山东新华书店集团有限公司

第五名　福建新华发行（集团）有限责任公司

第六名　新华文轩出版传媒股份有限公司

7月9日　协会向各省（区、市）新华书店（集团）发出《关于推进成立各省新华书店协会的通知》。为落实2012年协会工作重点，根据各地新华书店股改上市的新形势，协会希望各省（区、市）新华书店（集团）进一步推进省新华书店协会的成立工作。《通知》强调，各省新华书店协会的成立将有利于对新华书店品牌的维护，有利于对本地区新华书店品牌使用的管理及监督，有利于在整体上市后新华书店权益上的保障，有利于对中国新华书店协会工作给予更多的配合。

8月14日　协会向各省（区、市）新华书店（集团）发出关于编辑出版《〈全国新华书店业务技能大赛纪念文集〉、〈全国新华书店业务技能大赛纪念图集〉两书征稿的紧急通知》。"全国新华书店业务技能大赛"圆满结束后，为全面回顾和总结新华书店这一重要活动，为今后继续深入开展员工的店史教育、业务技能培训、竞赛等工作提供经验借鉴及操作模式，永久记录并保存大赛的各个重要活动场景及选手们刻苦训练的感人瞬间，经协会会长办公会研究决定，编辑出版《全国新华书店业务技能大赛纪念文集》和《全国新华书店业务技能大赛纪念图集》两书。

8 月 28 日 协会在北京召开新华书店企业形象推广中心联络员座谈会。新华书店企业形象推广中心成立以来，以规范新华书店整体形象、推广新华书店品牌标准为目标，在统一新华书店店堂卖场外观形象，建立健全新华书店系统的 CI、VI 体系，确定新华书店的品牌形象的方向上努力，为新华书店系统进入上市行列后，对新华品牌的维护和发展积累管理经验和提供完善模式。

12 月 26 日 协会向新闻出版总署人事司上报了《增设协会财务工作委员会及摄影总会的请示》。协会决定在华东地区新华书店财务研讨会基础上，吸收全国各省级新华书店集团公司成立中国新华书店协会财务专业委员会，以使协会紧密地联系会员，有针对性地开展工作。

新华书店是文化企业，在全国新华书店系统内有一大批摄影爱好者，各店均有相应的摄影爱好者在大力推进企业文化建设，经协会会长办公会研究同意，拟成立中国新华书店协会摄影总会作为协会内设机构。

2013 年

4 月 19 日 协会在海口召开省级新华书店办公室主任会暨协会《会刊》网站通联会。各省（区、市）新华书店（集团）办公室主任、协会《会刊》及网站特约记者、通讯员参加了会议。会议通报了 2012 年协会工作总结、2013 年协会主要工作；会刊及网站 2011—2012 年工作总结；对 2011—2012 年度会刊及网站优秀通联站，优秀特约记者、通讯员表彰奖励；颁发会刊及网站特约记者、通讯员新聘书；代表们观摩了第二十三届全国图书交易博览会。

6 月 24—27 日 "中国新华书店摄影总会"于福州举行成立大会。福建海峡出版发行集团、协会、福建新华发行集团、福建摄影家协会等领导以及来自全国 16 个省、自治区、直辖市 20 余位新华书店代表参加了大会。

大会由协会秘书长张雅山主持，福建海峡出版发行集团副总经理朱欣欣、协会副会长禹剑峰、福建省摄影家协会主席张宇分别致辞。协会副会长、新任中国新华书店摄影总会理事长哈九如讲话。大会通过了《中国新华书店摄影总会章程》和组织机构负责人名单。会上举行了中国新华书店摄影总会揭牌仪式。大会期间，举行了第一次理事长会议，主要明确了近期要尽快制订《中国新华书店摄影总会章程》实施细则，并建立日常工作机制方案。

9 月 5 日 协会通过征订向全国各省（区、市）新华书店（集团）发行了《新华人的风采——全国新华书店业务技能大赛纪念文集》、《追求与自豪——全国新华书店业务技能大赛纪念图集》。两书详细记录了全国新华书店业务技能大赛从各省预赛到全国决赛以及在全国书市上的颁奖及汇报表演的整个过程。记录了各省在组织活动中的各种心得、经验、总结和程序。同时，也记录了大赛选手在备赛、参赛和获奖者的心路历程。两书在征稿过程中，得到了各级新华书店的积极支持。共收到各类文字稿件 160 余篇，照片 1000 余幅。两书具有收集和纪念意义，同时又具备参考价值的店史资料。

9 月 9 日 协会向各省（区、市）新华书店（集团）发出《关于对协会举办专业培训工作的征求意见函》。协会担负着为会员服务、开展培训交流和促进改革、维护品牌等重要工作。为使培训更有针对性，适应面临的全国新华书店改制、改造、上市形势，拓展视野、提高素质、更新观念，协会向各省征求对协会培训工作的建议和意见，以期改进培训工作，做好服务，提高水平。

9 月 13 日 协会于云南丽江举办了"新华书店系统企业税收热点解析实务研修班"。该研修班突出实用性和可操作性，并组织现场交流、专家答疑等，详细解析新近出台的流转税、企业所得税和财产行为的法规、规章和规范性文件中企业关注的热点政策问题，剖析出台背景和企业具体实践运用。

10 月 按照总局的统一布置，协会参加了社会团体组织的评估工作。由民政部社团组织服务中心组成的评估工作小组到协会进行现场评估，对协会的组织建设制度和档案管理、会员服务等工作进行了认真细致的考核及评估，评估等级为 2A。

11 月 11 日 由全国 22 家省市新华书店（发行集团）共同发起，经国家新闻出版广电总局和民政部批准，协会财务管理工作委员会在青岛正式成立。中新协财工委由中国新华书店协会主管，是新华书店行业的专业社团组织，其成员单位包括新华书店总店、全国省级和部分计划单列市新华书店（集团）。中新协财工委将秉承"为行业发展服务、为会员单位服务、为会员单位财务人员服务"的宗旨开展工作，解决行业发展面临的普遍问题，提高企业财务运行质量。

12 月 12 日 协会向国家新闻出版广电总局人事司上报了《关于中国新华书店协会换届筹备的请示》。《请示》提请了《换届筹备工作领导小组成员建议名单》。

同日 协会向广电总局印刷发行管理司上报了《关于举办"最美书店"主题摄影作品评选、展览活动方案的请示》。为塑造书业卖场优雅、整洁的美丽形象，促进全民阅读，展示新华书店风貌，反映书店员工服务读者良好的精神风貌，协会决定举办"最美书店"主题摄影作品评选、展览活动。活动由国家新闻出版广电总局印刷发行司指导，协会主办，协会摄影总会承办。活动将在第二十四届全国图书交易博览会场展出。

12月29日 广西新华书店集团股份有限公司向中国新华书店协会提交《关于建议取消南宁市新华书店有限责任公司中国新华书店协会会员资格及使用新华书店商标权的请示》。

协会就此问题向国家新闻出版广电总局作出书面请示，总局召开了由总局政策法制司、出版产业发展司、印刷发行管理司、协会、广西新闻出版广电局、广西新华书店集团股份有限公司参加的六方会议。会议认为，新华书店商标的使用及协会会员资格应遵照《中国新华书店协会章程》的有关规定执行。

2014 年

3月10—14日　协会摄影总会在南宁召开"最美书店"主题摄影作品评选、展览活动组委会第一次工作会议。会议围绕《"最美书店"主题摄影作品评选、展览活动总体方案》及《实施细则》有关内容，研究落实具体办法和措施；研究、讨论六大区初评方法及最终展出形式，形成总体指导性意见；审定了协会摄影总会及"最美书店"摄影评选、展览活动徽标及标识。

4月1日　协会向广西新华书店集团股份有限公司发出《关于建议取消南宁市新华书店有限责任公司中国新华书店协会会员资格及新华书店商标使用权请示的批复》。《批复》内容：由于现南宁市新华书店有限责任公司改制后不符合《中国新华书店协会章程》中关于新华书店协会会员资格要求的有关条款，故决定终止其中国新华书店协会会员资格。其会员资格取消后不得再使用"新华书店"注册商标。

6月　中国新华书店协会企业推广形象中心在沈阳召开了"新华书店实体店转型升级泛文化发展研讨会"。会议旨在探讨如何通过转型升级来化解新华书店当下面临的经营困境。沈阳市委宣传部副部长唐明、中国新华书店协会秘书长张雅山出席，来自全国20个省的40家新华书店的近百名代表参会。

同月　协会财务管理工作委员会在贵阳召开新华财经论坛，主题是《新闻出版企业会计核算规范研究》课题研讨。来自全国30个省级新华书店及市级新华书店的60余位代表参会。大会讨论了财工委今后开展工作的方向和方式：建立行业财务数据库；积极为新华书店争取财税等优惠政策，成为政府与企业的桥梁；每年组织专业培训、召开专题研讨会；不定期出简报、研究报告或通报；关注行业政策导向，介绍先进经验，成为促进行业发展的平台；对业内财务会计核算进行指导；关心财务人员成长。

8月1日　第24届全国图书交易博览会在贵阳开幕。"美丽书店"中国行——实体书店在发展图片摄影展，在书博会上成功展出。全国共有27个省（区、市）参展。整个展览从历史的角度介绍了全国实体书店，特别是新华书店近年的发展和建设成果。展出期间，中宣部出版局、国家新闻出版广电总局领导莅临展位并指导工作。许多读者来到展览前观看和拍摄。展览现场，一些省、市新华书店负责同志陪同本省政府领导前来参观展览，他们看后表示，今后要继续给新华书店以更大、更多的支持，促进实体书店的健康发展。一些新闻媒体在展览现场对协会有关领导进行了采访，并对展览进行了报道和介绍。

8月8日　协会向南宁市新华书店有限责任公司发出《关于要求南宁市新华书店有限责任公司限期更改企业名称的函告》。

10月23日　协会向国家新闻出版广电总局上报了《关于召开中国新华书店协会第三届全国会员代表大会及理事会换届的请示》。总局对协会作出了《关于同意成立中国新华书店协会换届筹备工作领导小组的批复》。换届筹备领导小组召开筹备领导小组工作会议，会议审议通过了《第二届理事会工作报告》、《第二届协会财务审计报告》、《第三届协会负责人候选名单》、《第三届协会理事、常务理事建议名单》、《协会章程（修改草案）》、《第三届会员代表大会选举办法》、《第三届协会会费收取办法》等。

10月29日　协会向全国各省（区、市）新华书店（集团）发出《"美丽书店"主题摄影活动获奖的通知》。此次活动历时近半年，得到了各地新华书店的积极响应，作者投稿踊跃，共收到来稿一千余幅（组）。在前期六大片区初评的基础上，总评由摄影专家与新华书店系统领导共同组成评委会负责评选工作。经过评委们认真投票，共评出相机组：一等奖3幅、二等奖5幅、三等奖7幅、优秀奖40幅；手机、平板电脑组获奖作品2幅；艺术创意组获奖作品2幅。

"美丽书店"主题摄影活动获奖名单

相机组：

一等奖

《新华人大爱无疆》	集体创作	四川新华发行集团（文轩经理办）
《书香丽人》	杨　威	黑龙江哈尔滨市新华书店南岗书店
《美丽心灵》	戴晓阳	上海新华书店

二等奖

《2012 最后一日—— 刘同陪你》	张树新	北京图书大厦
《书海寻宝》	刘松林	重庆新华书店集团
《关爱健康》	唐立军	黑龙江哈尔滨市道里区书店
《地震无情人有情》	文　龙	四川新华发行集团
《黄金屋》	藤　彬	广西新华书店集团桂林市公司

三等奖

《实面"霾"伏》	王　灿	重庆新华书店集团重庆书城
《幸福时刻》	吴　鹏	河北省邯郸市新华书店
《幸福从这里开始》	王　丹	河北省邯郸市新华书店
《渴求》	鲍益龙	江苏新华发行集团
《乐在书中》	王　云	江苏洪泽县新华书店
《书店里的人》	钱　素	安徽合肥市三孝口新华书店
《渴望》	吉荣隆	新疆维吾尔自治区新华书店

优秀奖

《热心服务图书馆》	刘　越	新华书店总店
《古韵书香》	胡晓祺	新华书店总店
《求知》	高　凡	北京图书大厦有限责任公司
《人生精彩从童年开始》	牛京章	北京图书大厦有限责任公司
《放眼世界》	张岩刚	北京图书大厦有限责任公司

《老读者》	潘修睦	上海新华书店
《天津市海光寺书城内景》	宋金波	天津新华书店教材发行中心
《我是新华人》	彭 伟	重庆新华书店集团公司
《草原书屋》	王志刚	内蒙古新华发行集团呼伦贝尔市分公司陈巴尔虎旗新华书店
《青年阅读季》	温亚军	山西太原市新华书店
《新店 新姿 新面貌》	赵广林	河北省邯郸市新华书店
《钢笔画》	李 晓	吉林省新华书店集团有限责任公司
《带我飞翔》	杨 震	黑龙江省新华书店
《动人的身影》	韩嘉惠	江苏南京市新华书店
《耳濡目染》	高渝红	江苏新华发行集团
《改变》	叶 文	安徽合肥三孝口新华书店
《阅读年华》	任继海	山东省淄博市沂源县
《背影》	张月婵	浙江杭州市解放路新华书店
《书海淘金》	刘 红	江西鹰潭新华书店
《读者贴心人》	陈启创	福建新华发行（集团）有限责任公司尤溪分公司
《书海求知惠女情》	张晓东	福建新华发行（集团）有限责任公司泉州分公司
《找》	陈志雄	福建新华发行（集团）有限责任公司尤溪分公司
《三代同乐》	李小榕	福建新华发行（集团）有限责任公司
《阳光生活》	雷 雄	湖南省衡东县新华书店
《崇文书城展新颜》	姚 晞	湖北省新华书店（集团）有限公司
《宋韵书香》	付予生	河南省开封市新华书店有限公司
《南国书香节读者——岁月留香》	刘振毅	广东新华发行集团

《亮堂》	王清雅	海南凤凰新华出版发行有限责任公司
《书香三沙——新华书店		
揭牌仪式》	戎　海	海南日报集团
《心灵驿站》	秦　杰	广西新华书店集团桂林市公司
《"农家书屋"工程建设		
图书启运仪式》	薛永华	贵州省新华书店
《发展中的新华书店》	朱雪松	四川新华发行集团
	吴　华	
《团结就是力量》	张　露	四川新华发行集团（文轩西南书城）
《责任与职责》	李　琨	四川新华发行集团（文轩经理办）
《送书路上》	罗锦辉	云南新华书店集团有限公司
《我为读者挑好书》	刘小斌	陕西新华发行集团兴平新华书店
《服务三农播书香》	王　琦	甘肃新华书店飞天传媒股份有限公司
《新华书店流动售书车》	章　茹	宁夏新华书店集团有限公司贺兰分店
《高原姐妹》	罗　周	青海新华发行集团陈多县新华书店
《庆祝西藏和平解放60周年		
优秀图书展示展销活动》	格　旺	西藏自治区新华书店

手机、平板电脑组获奖作品：

| 《汽车书店》 | 徐冬梅 | 黑龙江省肇东市新华书店 |
| 《天府之家》 | 兰　晓 | 四川新华发行集团（文轩天府书城） |

艺术创意组获奖作品：

《中国梦》	杨　红	河北省石家庄市新华书店
	孙　淼	
《知识世界》	鲍益龙	江苏新华发行集团

11月3日　协会在北京召开了中国新华书店协会第三届全国会员代表大会。共有来自于31个省（区、市）的180名会员代表出席。新闻出版广电总局副局长孙寿山出席并讲话。中国出版协会常务副会长兼秘书长刘建国、中国

书刊发行业协会副会长兼秘书长吴修书等到会祝贺。

会上，协会第二届会长王俊国作第二届协会理事会工作报告；原副会长张佩清作第二届协会修改《章程》的说明；副会长龚次敏作第二届协会《财务报告》；秘书长张雅山作《调整会费标准的提案》说明。会议举手表决通过了《第二届协会理事会工作报告》、《章程》（修改草案）、《财务报告》、《调整会费标准的提案》。大会投票选举，产生了第三届理事会理事单位103家（包括33家常务理事单位）。在第三届理事会第一次会议上，投票选举产生了第三届协会领导班子。新当选的第三届中国新华书店协会理事长哈九如作闭幕致辞。

第三届协会领导班子

协会职务	姓 名
理事长	哈九如
常务副理事长	茅院生
副理事长兼秘书长	张雅山

（以下按姓氏笔画排序）

副理事长　于慧丰　王忠义　尹昌龙　吕晓清　曲柏龙　刘　浩
　　　　　杨　劼　李　峰　肖　陵　肖开林　林疆燕　郑　岩
　　　　　黄　健　黄楚芳　龚次敏

11月27日　协会向南宁市新华书店有限责任公司发出《请提供51%股权证明的函》。根据《广西新华书店集团股份有限公司关于撤销南宁市新华书店有限责任公司中国新华书店协会会员资格的提案》、《中国新华书店协会章程》的有关规定，协会决定召开常务理事会。审议南宁市新华书店有限责任公司中国新华书店协会会员资格事宜。根据《中国新华书店协会章程》第七条第一款规定，要求南宁市新华书店有限责任公司向协会提供国有股份相关证明供理事会审议。

12月5日　协会以通讯方式召开了第三届常务理事会第二次会议。协会第三届常务理事为 36 名。会议对《终止南宁市新华书店有限责任公司中国新华书店协会会员资格的议案》进行了审议。三分之二以上理事投了赞成票。根据《中国新华书店协会章程》，协会决定：终止南宁市新华书店有限责任公司中国新华书店协会会员资格。

2015 年

1月6日 协会在北京召开常务理事单位办公室主任会暨协会《会刊》网站通联会、"美丽书店"颁奖会。会议通报了 2014 年工作总结；《会刊》及网站 2012—2013 年工作、"美丽书店"主题摄影活动工作总结；优秀通联站站长代表作经验介绍；为 2012—2013 年度会刊网站优秀通联站、优秀特约记者、优秀通讯员颁奖；为美丽书店主题摄影活动 1—3 等奖获奖人员颁奖。

3月4日 为落实总局《关于开展 2015 年全民阅读工作的通知》精神，发挥新华书店大型实体书店文化地标的优势，协会在北京召开超级书店联盟成员单位专题研讨会。北京图书大厦等书城代表共 20 人参加了会议。会议由协会副理事长兼秘书长张雅山主持，哈九如理事长讲话。会上围绕配合"世界读书日"筹办专题活动、"中国首发工程项目"组织启动工作、筹备新华书店大型实体店工作机构进行了研讨。会议决定：以参会的九家书城联盟为基础，进行"世界读书日"活动方案征集；"世界读书日"当天举行全国新华书店"快闪"行动；今后书城联盟的工作机制及办事机构等由北京图书大厦、上海书城牵头，制定方案。经批准后组织实施。

3月6日 协会向各常务理事单位发出《"阅读·与书香为伴"——世界读书日主题摄影大赛总体方案的通知》。为配合总局进一步推动全民阅读工作的展开，协会决定于 4 月 23 日"世界读书日"活动期间举办"阅读·与书香为伴"——世界读书日主题摄影大赛。随《通知》发出了《"阅读·与书香为伴"——世界读书日主题摄影大赛总体方案》。

3月27日 协会组织的新华书店东片区会议在杭州召开，国家新闻出版广电总局人事司副巡视员王彤、印刷发行司副巡视员吕晓清到会指导。山东、江苏、浙江、福建、江西、安徽、上海的新华书店（集团）负责人参加了会议。会议对 2015 年协会拟开展的各项工作进行讨论。

4 月 23 日 为落实国家新闻出版广电总局《关于开展 2015 年全民阅读工作的通知》精神，促进全民阅读，发挥新华书店大型实体书店文化地标的优势，在协会的统一部署下，全国具有地标性的超过 70 家大型书城及新华书店，在下午 4 点 23 分共同举办了以"快乐阅读 闪'靓'心情"为主题的"快闪"活动，为在"世界读书日"当天来到书店的读者奉上了一份惊喜的书香大礼。这是全国新华书店系统第一次大规模组织、统一上演的"快闪秀"活动。

4 月 30 日 协会向新闻出版广电总局印刷发行司上报了《关于新华书店实体书店希望获得政府全面支持的报告》。根据李克强总理要求相关部门研究制订并出台扶植实体书店的相关政策，鼓励实体书在社会生活中满足民众阅读生活的批示，协会配合总局在全国省级新华书店系统进行了专题调研，协会提出了争取支持的具体建议包括：从法律保障方面对实体书店给予社会公益性场所和相关的政策支持；把新华书店纳入城市开发及改造规划的重要组成部分；通过法律条款限制图书发行中的价格恶性竞争；把书报补贴纳入社保体系；从财税支持方面对实体书店的建设及网点规划给予专项资金支持；建立国家文化银行，对文化产业及实体书店的开办给予减息、免息的贷款支持，降低申贷门槛；建立文化担保公司，鼓励社会资本向文化产业及实体书店的建设方向投资并降低投资风险，保证文化产业和书店相关产业的用贷及时与便捷；对实体书店与网上售书应采取同等税负；建立国家或行业的"全民阅读基金会"；对有利和提升全国阅读的一切活动给予资金上的支持；从城市管理方面大力发展书报亭；支持实体书店户外公益广告屏的设立和运营；推动自动售书机的普及和安装，作为公共文化设施的公益项目向社会的公共区域配置。

5 月 21—24 日 协会在延安召开中国新华书店协会第三届理事会第二次常务理事会议。协会 32 家常务理事单位董事长（总经理）、协会财务工作委员会负责人、协会企业形象推广中心负责人、相关工作方案起草单位负责人出席会议。国家新闻出版广电总局人事司王彤、发行司吕晓清等领导参会并讲话。会议由协会常务副理事长茅院生、协会副理事长兼秘书长张雅山分别主持。会议审议通过了《协会第三届理事会工作计划暨2015年工作要点》；听取了各工作方案起草单位负责人对方案的介绍，听取了协会分支机构、内设机构对2015年工作计划的介绍，听取了本届理事会将要开展和实施的重点工作。哈九如理事长做会议总结。全体会议代表参观了延安清凉山新华书店旧址。

6月16日 协会发出《关于印发编纂〈中国新华书店发展大系〉有关文件的通知》。经中国新华书店协会第三届常务理事会第二次会议讨论通过的《中国新华书店协会第三届理事会工作计划暨2015年工作要点》，作为新华书店80周年店庆纪念活动内容，决定编写《中国新华书店发展大系》，旨在记录新华书店80年历史。《大系》共33卷，由中国新华书店协会组织各省（区、市）新华书店（集团）共同编纂。随《通知》发出了《〈中国新华书店发展大系〉编纂实施方案》、《〈中国新华书店发展大系〉体例》、《〈中国新华书店发展大系〉（分卷）编纂人员联系表》。

6月17日 协会在北京召开了新华书店实体店服务贯标工作会议。"贯标"工作经协会第三届常务理事会第二次会议讨论通过。此项工作旨在借新华书店80周年华诞之际，提升新华书店的管理水平和社会形象。参加会议的有全国新华书店四片区牵头单位：北京、黑龙江、浙江、江西、重庆、湖南、四川、陕西，以及江苏、深圳新华书店的代表。协会副理事长兼秘书长、新华书店总店副总经理张雅山到会并讲话。

6月18日 各常务理事单位发出《关于推荐"新华智库"首批专家的通知》。建设"新华智库"是开拓新华书店人才资源的有效途径。首批专家将由各省市新华书店推荐产生，首批专家的推荐人选原则上在现任董事长、总经理人员中产生。首批人员入选后，将作为各类评审工作的专家，包括向政府及社会组织推荐行业专家，以及承担对第二批"新华智库"入选人员的评审等工作。首批"新华智库"专家人选由各单位自主推荐，并履行申报程序。

6月23日 协会财工委于哈尔滨召开新华财经研讨会。来自全国新华书店代表共五十余人出席会议。哈九如理事长、张雅山副理事长兼秘书长到会指导。研讨会主题为"新华书店企业资产运行质量的管理"。会议由黑龙江省图书音像发行集团承办。朱在祥主任主持会议,严小希副主任委员兼秘书长作了题为《运用企业资产运行质量管理为新华书店财务管理工作增值》的主题发言。新疆等13个省(区、市)代表进行了主题演讲。

6月26日 协会于福建召开由新华书店总店立项的"中国新华发行网"专家论证会,邀请了部分新华书店业内外专家参加了会议。会议论证了新华书店电子商务平台的发展与运营、中国新华发行网的运营模式和盈利模式、中国新华发行网的组建形式与建设规模。

7月9日 协会在四川省广汉市召开了新华书店"走出去"工作研讨会。来自全国23个省、33个单位的50余名代表参加了会议。哈九如理事长主持会议。国家新闻出版广电总局发行司副巡视员、协会副理事长吕晓清及对外合作交流司领导赵海云参加会议并讲话。四川新华发行集团介绍了"2015年米兰世博会中国彩灯节"的主办情况。云南、福建、广西、新疆、黑龙江、西藏等省(区、市)对建设国门书店和开设境外书店情况做了交流。

总局对外合作交流司赵海云对新华书店"走出去"工作进行了研判,提出了针对性的指导意见。

7月10日 协会于四川省广汉市召开了全国新华书店文创产品开发专题会议。来自全国23个省市的50余名代表参加了会议。会议由理事长哈九如主持。国家新闻出版广电总局发行司副巡视员、协会副理事长吕晓清到会并讲话。会议主题:做强主业,在融合创新中求突破、在增值服务中谋发展。会上,福建、新疆、江苏、山西、安徽、云南等省(区、市)对本省开发的文创产品做了大会交流。

7月17日 协会于北京召开"中国超级书店联盟"(以下简称"超盟")筹备会议。北京图书大厦、上海书城、广州购书中心、深圳书城中心城、成都购书中心等五大书城的相关领导参加了会议。哈九如理事长、副理事长兼秘书长张雅山出席了会议。成立"超盟"是为发挥新华书店大型实体店文化地标的优势,通过书城的示范引领作用扩大新华书店社会影响力。出席本次会议的五大书城,作为"超盟"发起单位,并将征求江苏凤凰国际书城等省、市书城的意见,在自愿加入的基础上成为"超盟"成员。首任秘书长单位由上海书城担任,副秘书长单位由北京图书大厦、广州购书中心、深圳书城中心城、成都购书中心担任。

同月 江苏省新华书店协会成立。

8月2—4日 协会于满州里市召开了"新华书店实体店服务贯标及《新华书店发展大系》专题工作会议"。29个省(区、市)的办公室主任及两项工作的负责人共42人参加了会议。哈九如理事长主持会议。贯标工作领导小组办公室负责人朱晓宁,就贯标工作各店需要做哪些工作、如何组织本省内的评审、如何填报《申请表》等问题作了讲解。《大系》编纂总干事汪耀华就《大系》编纂体例、结构、内容、编写注意要点等做了说明。会议期间,全体代表参加了满洲里"国门书城"开业活动。

8月12日 协会向各省(区、市)新华书店(集团)发出《"中国超级书店联盟"成立的通知》。《通知》明确其主要职能是:密切联系各地大型实体书店,联合开展各类活动,交流提升经营服务水平,探索实体书店转型模式。"超盟"的规模在运作模式成熟后,按照自愿加入的方式接纳新成员;领导机构由民主推荐的方式产生。

9月15日 协会副理事长兼秘书长张雅山代表协会与新闻出版广播影视行业50家社团于北京联合签署了《新闻出版广播影视从业人员职业道德自律公约》。协会向各理事单位转发了《自律公约》。

9月22—26日 为提高新华书店基层店经理的职业素养和经营能力,根据国家新闻出版广电总局领导关于轮训全国新华书店基层店领导的要求,协会在太原举办第一期全国新华书店县(区)店经理研修班。全国28个省(区、市)的310名县(区)新华书店经理(负责人)参加了研修班。新闻出版广电总局阎晓宏副局长出席并讲话。协会哈九如理事长做了开班动员。研修班学员听取了《做强做实实体店是新华书店发展的重要途径》、《如何做好出版物市场数据的挖掘和分析》、《科技与出版业融合发展》、《文化老字号 培育竞争新优势——跟上"互联网+"的时代》、《把握新常态、当好掌门人——浅议如何当好基层新华书店经理》等报告。协会副理事长兼秘书长张雅山作研修班结业小结。研修班期间，协会建立了县店经理微信群，为工作联系和交流搭建了便捷的平台。

9月24—25日　协会在太原召开了"全国新华书店企业文化建设座谈会"。全国23个省（区、市）新华书店分管党建和工会工作的领导出席座谈会，哈九如理事长主持会议。会议围绕"新华精神"、"新华人"和"新华梦"三个主题展开深入的研讨。会议交流了各地新华书店企业文化建设的经验。

9月25日　在山西太原全国书博会，协会举办了"新华新空间，阅读新体验"主题展。这是协会首次以"开拓新空间"创意展示的形式亮相书博会。展品有智慧阅读机等各类文创产品。现场还举办了"新华新空间——新华书店发展方向"新闻发布会。中国出版协会常务副理事长、中国图书评论学会会长邬书林出席发布会并讲话。

10月13日　由协会主办，新华书店北片区牵头单位——北京市新华书店承办的"全国新华书店实体店服务贯标培训会"于北京召开。参加培训的有北京、天津、河北、山西、内蒙古、黑龙江、吉林7个省（区、市）服务贯标工作负责人。北京市新华书店连锁有限责任公司总经理助理秦辉主持会议，协会理事长哈九如到会并讲话。贯标工作领导小组办公室主任亓越做了《做强做实实体店是新华书店发展的重要途径》的报告，贯标工作领导小组办公室朱晓宁就《全国新华书店实体店服务标准》逐条进行了讲解并现场答疑。

11月11日　根据辽宁省新华书店改制后市县新华书店独立建制的现状，协会在丹东组织60多市县店进行"贯标"及《中国新华书店发展大系》编纂工作的培训。辽宁省新华书店发行集团赵国庆总经理主持了会议，协会副理事长兼秘书长张雅山参加会议并讲话。

11月25—26日　协会在济南召开《中国新华书店发展大系》编纂工作

第二次专题会议。来自 30 个省的办公室主任及《大系》编纂具体负责人参加了会议。协会秘书处蒋敏处长主持会议，协会哈九如理事长到会并讲话。《大系》总干事汪耀华主编就《大系》的编纂具体操作做了详细讲解。会议要求：第一，全面写好基层店的店史，这部分店史要占有一定篇幅。第二，编纂店史是后人写前人的事，写前人原则是"不得漏写、充分体现"。第三，编纂要内外联动，广集素材，在档案查找中善于发现亮点。真实、客观、全面地反映新华书店的发展历程。

12 月　按照《全国新华书店实体店服务贯标活动实施办法》工作进度要求，浙江省新华书店集团公司、重庆新华书店集团公司、陕西新华书店集团公司分别牵头举办的东片区、南片区、西片区贯标培训于 12 月初全部完成。

同月　海南省新华书店协会成立。

2016 年

1 月 8 日　协会在北京召开超级书城联盟研讨会。北京图书大厦、上海书城、广州购书中心、南京凤凰国际书城、深圳书城中心城、杭州庆春路购书中心、成都购书中心、宁波书城等"超盟"成员参会。会议讨论了：书城文库定制包销的可行性、一城一书——超级书店联盟新书推荐、超级书店新书排行榜发布、2016 年联合举办"4·23"世界读书日活动等事宜。协会副理事长兼秘书长张雅山参加了本次研讨会，并向会议通报了拟定的中新协 2016 年工作计划及新华书店 80 周年店庆工作拟开展的相关活动设想。

2 月 26 日　应全国政协委员、福建海峡出版集团副总经理、福建新华书店集团负责人吴志明建议，中国新华书店协会在福州召开新华书店两会提案征集调研会。协会邀请广电总局发行司吕晓清副巡视员及四川、重庆、河南、江西、北京、陕西、福建省新华书店等领导参会。协会副理事长兼秘书长张雅山主持会议，理事长哈九如讲话。与会人员围绕全国新华书店的建设、图书市场的健康发展和作为国家文化企业责任的担当等内容提出了意见和建议，为委员和代表掌握情况、提供思路和形成提案提供了帮助。

3 月 1 日　协会向广电总局上报了《关于报送 2016 年评比达标表彰项目计划的报告》。为表彰在文化传播第一线、长期坚持为读者服务的员工，协会提请新闻出版广电总局、国家人社部进行表彰"全国新华书店系统先进工作者及先进集体"活动。随《报告》上报了《全国新华书店系统优秀工作者及先进集体评选表彰活动实施方案》。

4 月 7 日　协会发出《关于"新华智库"首批专家入库的通知》。根据各省（区、市）新华书店（集团）推荐的"新华智库"首批专家人选，产生了中国新华书店协会"新华智库"首批专家。哈九如理事长兼"新华智库"主任，茅院生常务副理事长兼"新华智库"副主任。

"新华智库"首批专家名单（排名不分先后）

姓 名	单 位	职 称	专业方向
蔡文贵	宁夏新华书店集团有限公司	编辑	企业管理、财务管理
龚次敏	四川新华发行集团有限公司	高级经济师	企业管理、图书发行
哈九如	中国新华书店协会	高级经济师	企业管理、兼并重组、融资上市
何 洋	海南凤凰新华出版发行有限责任公司	副教授	企业管理
黄楚芳	湖南省新华书店有限责任公司	编审	企业管理
蒋鸣涛	广东新华发行集团股份有限公司	讲师	企业管理、兼并重组
李 飞	山西新华书店集团有限公司	副编审	图书发行
李 健	贵州省新华书店有限公司		企业管理、图书发行
李志明	常州新华书店有限责任公司	高级经营师	图书发行
林疆燕	河南省新华书店发行集团有限公司	高级经济师	图书发行
刘金刚	陕西新华发行集团有限责任公司	经济师	企业管理
刘文田	山东新华书店集团有限公司	高级政工师	企业管理
茅院生	新华书店总店	研究员	企业管理、兼并重组
亓 越	江苏新华发行集团	高级经济师	图书出版发行、企业管理、人力资源管理
曲柏龙	黑龙江省新华书店	高级会计师	企业管理、财务管理
田文生	山西新华书店集团有限公司	经济师	企业管理、图书发行
涂 华	江西新华发行集团有限公司	编审、高级经济师	企业管理、图书发行
王 琦	辽宁新华书店发行集团有限公司	高级经济师	企业管理、图书发行
王锦慧	青海省新华发行（集团）有限公司	经济师	图书发行
王忠义	浙江省新华书店集团有限公司	高级经济师	图书发行
吴文胜	安徽新华发行（集团）控股有限公司	高级编辑	企业管理、图书发行
吴志明	福建新华发行（集团）有限责任公司	教授	企业管理
肖 陵	重庆新华书店集团公司	编审	企业管理、图书发行
肖开林	广东新华发行集团股份有限公司	高级政工师	企业管理、图书发行
谢向阳	广西新华书店集团股份有限公司		企业管理

姓　名	单　位	职　称	专业方向
许伟国	上海新华传媒连锁有限公司	经济师	企业管理、图书发行
杨　劼	陕西新华发行集团有限责任公司	经济师	企业管理
尹昌龙	深圳出版发行集团公司	副研究员	企业管理
于慧丰	河北省新华书店有限责任公司	高级经济师	企业管理、人力资源管理、图书发行
于有志	北京市新华书店	经济师	企业管理、图书发行
张佩清	江苏新华发行集团	正高级经济师	企业管理、图书发行
曾昭群	吉林省新华书店集团有限责任公司	高级经济师	图书发行
周爱平	甘肃新华书店飞天传媒股份有限公司		企业管理
热甫卡迪江·黑力力	新疆维吾尔自治区新华书店		企业管理、图书发行
益西坚村	西藏自治区新华书店	中级	企业管理、财务管理

4月7日　协会向各省（区、市）新华书店（集团）发出《关于填报〈新华书店社会责任报告书情况〉的通知》。为提升新华书店形象及社会影响力，协会决定于第二十六届全国图书博览会期间，对外发布《中国新华书店社会责任报告书》。

同日　协会向各省（区、市）新华书店（集团）发出《关于推荐第二批"新华智库"专家的通知》。第二批"新华智库"专家拟在计算机网络、财务管理、营销策划、门店管理、物流设计运作与管理、基层店经理及发行员业务培训、广告设计与营销等专业人士中推荐。第二批"新华智库"专家人选由各单位自主推荐。名单上报协会，将由"新华智库"首批专家库成员组成评审小组进行评审确认。

4月12—16日　协会在林芝召开中国新华书店协会第三届常务理事会第四次会议。会议审议了《2015年协会工作总结》、《2016年工作要点》；研究确定新华书店80周年纪念活动内容；表决通过调整、增补协会领导人选；研讨了关于推进新华书店"县县通"工程的计划。

理事长哈九如向大会报告了协会《2015年工作总结》、《2016年工作要点

（审议稿）》及《新华书店八十周年纪念活动方案（审议稿）》。会议听取了西藏自治区新华书店益西坚村总经理关于西藏自治区新华书店经营状况的报告；会议表决通过了山东新华书店集团公司董事长刘文田、四川新华发行集团公司董事长朱丹枫、广西新华书店集团公司董事长谢向阳、江西新华发行集团公司总经理涂华、山西新华书店集团公司董事长、党委书记田文生为协会副理事长。通过了由协会秘书长张雅山提名增补戴川平、蒋敏、戴昕、李红林为协会副秘书长。

会议审议并原则同意《工作要点》、《纪念活动方案》，将坚持"聚合力、扩影响、促融合"作为2016年的工作目标。工作主线围绕建店80周年系列活动开展。

4月21日 协会在南京召开"新华书店实体店服务贯标工作会"。各省（区、市）新华书店贯标工作负责人及参与《全国贯标活动实施办法及标准》修订的全国贯标工作领导小组办公室成员、单位负责人参加了会议。协会副秘书长蒋敏主持会议，协会副理事长兼秘书长张雅山到会并讲话。会议对已上报的省（区、市）新华书店（集团）达标门店标准进行审定；对贯标工作进行小结；部分省做大会交流。

5月16—21日 协会在江西井冈山举办了第二期全国新华书店县（市）店经理研修班。全国280名县（市）新华书店经理（负责人）参加了此次研修。

全国政协委员、国家新闻出版广电总局原副局长、中国出版工作者协会常务副理事长邬书林作了《推广全民阅读是新华书店的责任与担当》报告，研修班还开设了《做强做实实体店是新华书店发展的重要途径》、《科技与出版业融合发展》、《"势"在人为——新形势下基层新华书店经理人的实践与思考》、《把握新常态、当好掌门人——浅议如何当好基层新华书店经理》等课程。协会哈九如理事长做了开班动员。协会副秘书长蒋敏作结业小结。

本期研修班安排参观了井冈山"红色书店"。

6月16日 由协会主办、新华文轩出版传媒股份有限公司承办的"全国新华书店集团首届服务教育信息化产业高层座谈会"在都江堰召开。会议主题："融合创新，携手共谋发展"。28家单位计70人参加了会议。广电总局规划发展司副司长李建臣、协会副秘书长戴川平到会指导并作主旨发言。四川新华文轩、皖新传媒、河北新华书店集团、明博教育公司、北京航天教育科技公司纷纷就主营业务创新、服务教育信息化建设及应用、教育装备业务开展作了专题发言。

6月20日　协会向中国版协人民出版社工作委员会发出《关于出版〈中国新华书店发展大系〉商请函》。商请《中国新华书店发展大系》各地卷由当地人民出版社出版、总店卷由人民出版社出版。

7月17日　协会向各理事单位发出《关于新华书店系统非图书商品经营情况调查的通知》。为促进全行业的融合创新，探索新的经营模式，拓展新业态、新业务，协会对成员单位非图书商品经营业务开展调查。

7月25—30日　协会在内蒙古鄂尔多斯举办第三期全国新华书店县（市）店经理研修班。全国260名县（市）新华书店经理（负责人）参加。全国政协委员、国家新闻出版广电总局原副局长、中国出版工作者协会常务副理事长邬书林作了《推广全民阅读是新华书店的责任与担当》的报告；研修班还开设了《科技与出版业融合发展》、《大道至简——基层新华书店经营之道》等课程。哈九如理事长做了开班动员，并就协会新华书店80周年店庆活动作了介绍。协会副秘书长蒋敏作了结业小结。研修班学员参加了第二十六届全国图书交易博览会。

7月26—30日　协会在包头召开中国新华书店协会理事会暨2015年度年会。会议审议并通过了《中国新华书店协会2015年工作总结》、《中国新华书店协会2016年工作要点》、《新华书店80周年纪念活动方案》。副理事长兼秘书长张雅山报告了2015年度中国新华书店协会财务收支及会费使用情况，通报了中国新华书店协会调整及增补的负责人名单。总局副局长阎晓宏到会并讲话，总局政策法制司处长申亚杰对2016年6月1日新颁布实施的《出版物市场管理规定》进行了解读，并现场答疑。会议报告了"全国新华书店实体店贯标工作"进度、《中国新华书店发展大系》编纂进度。并对第一批抽审达标的新华书店实体店颁发了新华书店《授权证书》；为"世界读书日主题摄影活动"获奖者颁奖。

会议期间，全体代表参加第二十六届全国图书交易博览会，并参加了协会在书博会上举办的活动。

7月27日 协会在第二十六届书博会上向社会发布了《中国新华书店社会责任报告书》。这是新华书店成立以来，首次向社会发布《社会责任报告书》。国家新闻出版广电总局副局长阎晓宏出席活动。（注：数据详见《附录》）。

《社会责任报告书》从拓展发行网点、助推全民阅读、发行重点读物、热心公益等方面总结了新华书店近3年（2013—2015年）来履行社会责任的状况。发布会上，哈九如理事长代表全国新华书店向社会承诺：在2017年新华书店成立80周年之际，中国新华书店协会将拿出更为亮丽的《2016年度社会责任报告书》。

同日 为迎接新华书店成立80周年，协会与河北出版传媒集团公司签订了《新华书店》大型历史文献纪录片合作协议。《新华书店》全景式反映中国新华书店发展壮大的光辉历程。六集纪录片分别记录了延安时期、解放战争、新中国诞生、社会主义建设、改革开放、新发展机遇时期的新华书店。采用故事情景的拍摄方式，计划于2017年4月24日播出，并在全国各地电视台播放。

同时还将出版纪录片同名图书《新华书店》，采用纸媒与数媒互动的形式，将纪录片摄制过程中所有影视资料纳入图书出版内容，让读者既能够直接阅读书籍，还可通过手机扫描进行网上观看，体验互动阅读。

同日 协会与时代出版传媒公司签订合作协议。根据协议，由时代出版传媒的"时光流影"公司搭建新华书店80周年纪念活动网络在线平台。平台内将设置最美新华书店评选、"新华人、新华情在线征文比赛"、"80载新华情"口述历史征集三个板块，共同宣传组织好三个活动。

8月5日 协会向各省（区、市）新华书店（集团）发出《关于加强微博微信公众号管理的通知》。通知要求：对已注册冠名新华书店的各类微博、微信的公众号做排查，若有不规范开设的，应予关闭。对冠名"新华书店"的公众号，应有明确的地区（企业）属性，凡被各单位认可的公众号，均应报协会秘书处备案，以便办理相关的授权手续。对盗用、冒用新华书店名义的公众号，一经发现，应立即向当地网络管理部门举报，并及时告知协会。制定网络突发事件的处理预案，由事发地单位负责处置，准确、及时采取应对措施，把影响控制在最小范围内。

9月13日　协会在南昌召开《中国新华书店发展大系》东片区审读会。江西、山东、江苏、浙江、福建、安徽、河南、上海等省（市）新华书店《大系》编纂负责人参加会议。审读会由协会副秘书长蒋敏主持，《大系》总干事汪耀华以《大系·江西卷》为参照，进行审读，现场答疑。

9月19日　协会在北戴河召开《中国新华书店发展大系》北片区审读会。总店、北京、天津、河北、山西、内蒙古、辽宁、吉林、黑龙江等省（区、市）新华书店《大系》编纂负责人参加会议。审读会由协会副秘书长蒋敏主持，《大系》总干事汪耀华以《大系·河北卷》为参照，进行审读。现场答疑。

10月18—19日　协会于成都召开《中国新华书店发展大系》西片区审读会。四川、陕西、甘肃、宁夏、青海、新疆、西藏、贵州等省（区、市）新华书店《大系》编纂负责人参加会议。协会副秘书长蒋敏主持会议，哈九如理事长到会并讲话。《大系》总干事汪耀华以《大系·陕西卷》为参照进行审读。现场答疑。

10月20—21日　协会于长沙召开《中国新华书店发展大系》南片区审读会。湖南、重庆、湖北、广东、广西、海南、云南等省（区、市）新华书店《大系》编纂负责人参加会议。协会副秘书长蒋敏主持会议，哈九如理事长到会并讲话。《大系》总干事汪耀华以《大系·湖南卷》为参照进行审读。现场答疑。

10月26日　协会以通讯方式召开了理事长办公会。根据广电总局相关文件的要求，协会重新修订了《中国新华书店协会财务管理制度》、《中国新华书店协会内部控制制度》。理事长办公会审议通过了《中国新华书店协会财务管理制度》、《中国新华书店协会内部控制制度》。

11 月 1 日 协会在上海召开全国新华书店物流协作网研讨会。15 个省（区、市）新华书店（集团）40 余人参会。戴川平副秘书长主持会议。哈九如理事长到会讲话，会议旨在加强交流与合作，了解技术发展新动态和行业应用解决方案，避免投资失误或少走弯路，充分利用行业优势和现有设施，减少重复投资，在合作中提高资产利用率及投资效益。与会代表还参观了国际汉诺威物流展并听取了物流技术专业讲座。

11 月 25 日 协会向各省（区、市）新华书店（集团）发出《〈中国新华书店发展大系〉编纂实施补充方案》。《方案》对编纂成员构成、卷内次序、彩页栏目分设、印数、时间安排等作出要求。

11 月 28 日—12 月 3 日 协会在贵阳市举办了第 4 期全国新华书店县（市）店经理研修班。全国 170 余名县（市）新华书店经理（负责人）参加了研修。全国政协委员、国家新闻出版广电总局原副局长、中国出版工作者协会常务副理事长邬书林作了《推广全民阅读是新华书店的责任与担当》的报告，研讨班开设了《弘扬新华精神 引领文化创新——互联网时代下实体书店的改革与创新》、《中国"十二五"图书市场的分析与"十三五"出版物融合传播的思考》、《科技与出版业融合发展》等课程。哈九如理事长在研修班讲话，蒋敏副秘书长作研修班结业小结。

研修班参观了爱国主义教育示范基地遵义会议会址和息烽集中营。

12 月 22 日 协会在三亚召开常务理事会暨纪念活动组委会全体会议。协会理事长哈九如向大会就《关于开展新华书店八十周年纪念活动意见（审议稿）》做了说明。常务理事对《关于开展新华书店八十周年纪念活动意见（审议稿）》进行了审议、修改并予以通过。会议要求，各省在落实协会纪念活动的同时结合本省特点尽快形成方案，抓好落实。

12 月 28 日 协会向广电总局上报了《关于组织新华书店八十周年纪念活

动的报告》。纪念活动包括：1. 敬请中央领导为新华书店八十周年纪念活动题词、发贺信；召开新华书店成立八十周年纪念会。2. 拟请国家人社部和国家新闻出版广电总局对全国新华书店先进个人和先进集体进行表彰；3. 出版《中国新华书店发展大系》。4. 拍摄、播映历史纪录片《新华书店》。5. 开展"新华情缘"征文、"新华人口述历史记录"和"最美新华书店"视频评选。6. 宣传推广"新华书店"企业形象。7. 组织"延安精神"专题研讨。8. 制作新华书店八十周年荣誉证章。9. 举办"新华阅读嘉年华"主题活动。

为保障活动顺利进行，决定成立新华书店八十周年纪念活动组织委员会、设立新华书店八十周年纪念活动指导委员会、成立活动组委会办公室。

2017 年

1月3日 协会向国家新闻出版广电总局上报《关于组织新华书店八十周年纪念活动相关问题的请示》并附：《新华书店八十周年纪念活动方案》。

1月16日 协会向各理事单位发出《关于开展新华书店八十周年纪念活动通知》并附《新华书店八十周年纪念活动方案》。方案包括了以下纪念活动：敬请中央领导为新华书店 80 周年纪念活动题词、发贺信，召开新华书店成立 80 周年纪念会；组织推荐新华书店在履行社会责任的创新实践中涌现出来的先进集体和先进个人并进行表彰；出版发行《中国新华书店发展大系》；拍摄、播映纪录片《新华书店》和出版同名图书；开展"80 载书香情"网络在线平台活动；宣传推广"新华书店"企业形象；举办"继承新华传统 弘扬延安精神"专题学习班；颁发新华书店 80 周年荣誉证章（证书）；举办"新华阅读嘉年华"主题活动。通知要求：各省新华书店要成立本省的 80 周年活动组委会（未在省集团之内的地市店也要安排进入组委会），各省组委会办公室设在省店，专人负责。各省要制订活动方案并报协会备案，其中对各类冠名的活动单独将活动方案报协会备案。

2月28日 协会于开封召开"新华书店 80 周年纪念活动组委会办公室负责人工作会议"。协会各常务理事单位；深圳、广州、武汉、西安、乌鲁木齐、银川、拉萨、沈阳、青岛、沈阳；新华文轩出版传媒有限公司等 46 名新华书店 80 周年纪念活动组委会办公室负责人参加了会议。会议由协会副秘书长蒋敏主持，哈九如理事长首先介绍了协会围绕各项纪念活动近期开展的工作。各省在会上交流了本省 80 周年纪念活动组委会组成情况及纪念活动方案。哈理事长对大家提出下一步工作要求。

附录

2003 年工作总结

2003 年，中国新华书店协会在新闻出版总署及民政部的领导下，在全体会员的支持下，在协会秘书处工作人员的努力下，认真学习党的十六届三中全会文件，贯彻"三个代表"的重要思想，按照协会《章程》，开展了一系列的工作，取得了一定的成绩。

一、建立健全各项规章制度。2003 年是协会成立的第一年，工作经验尚待积累。首先协会从建立健全各项规章制度做起，包括建立财务报销制度、考勤制度、建立工作档案。

二、协会秘书处按照协会第一次常务理事会议精神，建立起同新闻出版总署、国家民政部等业务管理部门的专项联系，定期汇报协会工作情况，及时取得政府主管部门对协会的指导和支持。

三、为使协会工作在各省都能有相应机构协调与落实，协会几次发出通知，倡导和要求各地新华书店筹备成立各省新华书店协会，并积极进行辅导，积极与各省（区、市）新华书店（集团）联系筹备成立省级协会的具体事宜。2003 年 8 月，广东省新华书店协会成立。

四、为便于为各会员单位服务，健全了各省、市新华书店《通讯录》。

五、在充分征求各理事单位意见的基础上，确定了 2003 年工作要点，并向各理事单位下发。

六、完善了《会费收取办法细则》，并向各理事单位下发。

七、发扬光大新华书店品牌。为全面了解商标注册与品牌价值开发与利用方面的情况，协会向国家工商总局进行了相关咨询，并与中国商标专利事务所、北京北方亚事资产评估有限公司对商标注册与品牌价值开发及利用事宜进行探讨，初步形成了《商标注册与品牌开发及利用利弊分析》。同时，对关于"新华书店"商标品牌评估作调研，为协会制定商标使用管理及维权等相关决策提供依据。

2003 年是协会的开局年，工作中尚有不足，还待积累经验，不断完善。

2004 年工作总结

2004 年，协会工作概括起来是：组织建设工作、网站建设工作、商标注册工作、宣传工作、日常工作。主要情况是：

一、组织建设工作

协会秘书处按照会长办公会的要求建立起同新闻出版总署、国家民政部等业务职能部门的联系，定期汇报协会工作情况，取得政府对协会的指导和支持。此外多次与各省、自治区、直辖市联系建立省级协会事宜。2003 年 8 月，广东省新华书店成立了省新华书店协会；12 月 8 日，宁夏自治区新华书店协会成立；山东、湖北等省也紧锣密鼓地进入协会筹备阶段。

2004 年 4 月，协会参加了由民政部主办的协会秘书长培训班，从中更多地了解了国家对社团组织的政策、管理办法和开展工作的法律依据，为我们依法行使协会权限，更好地为会员服务打下了基础。在自身建设方面，逐步建立了协会的办事机构，协会秘书处配备了专职工作人员，并初步建立了工作制度，为协会工作的开展创造了基本条件。

二、网站建设

为了搭建新华书店间沟通、交流、联系的平台，把政府的政策、要求及新华书店需要反映的情况和信息实现双向交流，在新华书店总店信息中心的支持下建立了中国新华书店协会网站。网站设立了8大版块、30多个子栏目，已发布消息3000多条。起草下发了《关于开通中国新华书店协会网站并报送各省网管员的通知》，建立了各地通讯员联络渠道。网站开通后，得到了全国各地新华同仁的欢迎和支持，部分省市上网踊跃，并多次在网站中上传文章、消息。如山东省店与协会网站链接，建立了网上直通车。一些店还把本省的所有各级书店的资料信息传到网上，如内蒙古区店把区内所有新华书店的通讯录全部列到网上等。

三、商标注册工作

中国新华书店协会作为商标注册人和注册主体资格已经确立。于2004年4月完成了服务商标由新华书店总店向协会转让工作。2004年继续进行集体商标和"驰名商标"的申办工作，预计2005年下半年可完成集体商标的注册。

为全面了解商标注册与品牌价值开发及利用方面的情况，向国家工商总局进行了相关咨询，并与中国商标专利事务所、北京北方亚事资产评估有限公司对商标注册与品牌价值开发及利用事宜进行探讨，并初步形成了《商标注册与品牌开发及利用利弊分析》《关于"新华书店"商标品牌评估工作要点》《有关"新华书店"商标权价值评估的说明》等调研材料，为协会决策提供依据。

四、宣传工作

1. 协会在充分运用网站的同时，向《中国新闻出版报》、《新华书目报》、《中国图书商报》、《出版发行研究》、《中国社会报》、《今日信息报》、《青年创业周刊》投稿。宣传了协会的成立、网站的开通、工作范围以及在中国图书市场中的作用，同时我们还把出版、发行、民政等有关部门的最新动态挂在协会网站上，起到了介绍协会、宣传协会和扩大协会社会影响的作用，收到了很好的效果。有关心书店的读者在看到报道后当时就打开网站浏览，进行友情链接。目前已有十万余名网友浏览网站。

2. 完成了《中国出版年鉴》约稿，对行业内及协会的重要活动进行宣传。

3. 通过省店报刊收集交流信息，为协会了解基层情况提供宝贵的资料。如山东、山西、广东、广西、河北、河南、湖北、湖南、辽宁、北京、上海、天津、重庆等10多个省市自办的报刊，对协会全面了解情况有很大帮助。

4. 根据11月11日在济南召开的《全国新华书店系统办公室主任及网管员工作》会议精神，以及各省的要求，12月份协会与总店信息中心策划创办《中国新华书店协会》专刊，并于2005年1月18日正式出版，首次发出三万份。

5. 充分发挥电话、传真和网站的作用，及时上传下达、沟通信息，为会员单位提供多种形式的服务。

五、开展活动情况

（一）为配合新华书店系统学习、执行财政部颁发的《文化企业财务统一结算办法》，今年9月协会与总店、新疆区店联合在新疆召开了"全国新华书店财务工作会议"。财政部与新闻出版总署的有关领导就新办法执行的若干问题和新华书店在改制工作中应该注意的若干事项作了重要讲话和具体指导。同时还就新华书店系统的财务工作如何加强联系、沟通信息及报表的定期汇总等工作作了安排与布置，收到很好效果。

（二）2004年11月，协会与总店、山东省店联合在济南召开了《全国新华书店办公室主任及网管员工作会议》。这次会议起到了团结会员、提供服务、交流情况、促进发展的作用。

（三）开展了全国性的面向社会及新华书店的"新华情"征文活动。本次活动由中国新华书店协会和新华书店总店共同主办，《中国青年报》协办。从2004年8月底到11月底开展近三个月时间，这项活动不仅在行业内部引起了强烈的反响，也受到了社会各界广泛关注，征文活动收到来自新华书店系统和社会的稿件共计1000多篇。许多省店把这次活动的消息在店刊中转发，同时积极组织本省的稿件，进行初评后统一报到协会秘书处。比如湖南、山东、陕西、广西、河南、河北等地，在组织发动本地的征文活动中做了很多的工作。征文活动结束后，我们首先确定了"新华情"征文评委会成员，并颁发了聘书，然后组织专人整理各地寄来的特快、挂号、电子邮件，以省为单位分别进行汇总，并邀请清华大学老师进行了初评。

六、文案工作

起草了《关于加快成立省新华书店协会的通知》等10个文件。协会为总署发行司起草的《关于新华书店实行股份制改造过程中有关问题的意见》提供建议，对各地新华书店在改制中商标使用问题和享用国家优惠政策方面提出建议并被发行司采纳，同年参与完善总署发行司交办的《全国新华书店星级门店评比办法》。为积累工作经验，打好各项基础，协会专门建立了文件档案。

七、日常工作

完成了新闻出版总署人教司关于"协会基本情况调查材料"，并以电子文档格式上报；配合总署发行司起草制定"星级书店标准"；与总署外事司联系新华书店协会组团进行国际交流事宜；完成会长交办的相关工作等。

在落实开展以上工作的基础上，认真学习与协会行业相关的各类文件，收集各种信息，为开展工作打好基础。总的思路是：吃透文件、广集信息、理清思路、确定目标、制定计划、分步实施、有序运作、及时督办、做好总结、广泛沟通、强化调研、加强宣传。

以上工作在2004年1—4月份完全由协会领导兼职做，2004年4月份后为秘书处配备了一名专职人员，9月份后又增加了一名工作人员，随着协会机构与人员的健全，为协会工作的开展创造了初步条件。

存在的问题：

1. 与各理事单位的沟通不足，有待于争取各理事单位的理解和支持。

2. 协会的整体形象宣传不够，还未在会员单位中树立一个权威的形象。

3. 协会组织的全国性活动较少，未通过更多地组织活动达到宣传协会、了解协会和让社会认识协会的作用。

4. 调研工作较少，对新华书店本身改革、改制和发展的研究不够，未起到指导、协助全国新华书店对敏感问题采取应对措施的作用。

5. 向主管领导部门汇报工作少，没有及时得到上级领导的了解、指导和支持。

6. 缺乏总体工作规划和具体的工作分工，没有调动起常务理事单位及领导的积极性，工作没有分解下去，导致基层对协会工作缺乏了解，没有形成领导合力和工作合力。

改进的措施：

1. 适时召开会长办公会（理事会）或专项工作研讨会，及时把年度工作安排好，让各会员单位及时掌握协会的工作安排，以便配合及参与工作。

2. 尽可能地把全国新华书店系统中反映的问题及时进行汇总，并整理上报，并及时取得上级领导的指导和帮助，保证协会切实起到行业与政府之间的桥梁纽带作用。

3. 通过开展活动使协会与系统在社会主义文化产业建设中的作用充分体现，使新华书店在社会主义文化产业建设中发挥主力军的作用。

4. 建立一个科学的工作机制。建立工作信息报阅和通报制度，争取每月一期，畅通上传下达，对外传播的渠道，对全国会员单位的通讯录进行搜索、整理，汇编成一个总的通讯录，发至各会员单位，以便使会员单位之间的信息交流畅通无阻。建立定期研究工作的制度，及时互通信息，及时研究各项工作的落实情况和工作进度情况，并研究制定出新措施，逐步推进，以求加大工作透明度，协调工作开展，取得更大成果。

5. 根据工作需要建立一个全国各地交流工作制度，每年有计划的组织各地新华书店分期、分批、分专题地进行学先进调研活动，互相传经送宝，为全国性行业培训、工作交流、联谊奠定基础。既可以进行会议调研，也可以进行专题调研，如以 10 个省、20 个市或 30 个县为单位进行交流（根据情况而定）。在广泛进行交流的同时，更多地听取大家的意见，集中大家的智慧，不断发现、总结、培养、推广先进经验，推出行业内树得住、叫得响的名法人、名企业，打出行业品牌，找出我们的行业闪光点，以带动全行业水平的提升。

2005 年工作总结

一、新华书店服务商标的确认和品牌维权工作

"新华书店"商标曾作为服务商标于 1998 年 1 月正式在国家工商总局商标局注册，但考虑到其商标由整个新华书店系统共同拥有和使用，在协会成立之初曾准备将其改注册为集体商标。在操作过程中，不断发现，集体商标因管理形式和拓展的特殊限制，将使新华书店品牌成为不可变现和升值，并使作为资产使用与发展的新华书店这块无形资产成为不可发展的固化资产。2005 年 6 月，在中国新华书店协会第一届第二次理事会上，经过说明和讨论，会议一致同意"新华书店"商标仍采用服务商标形式，其商标所有权归中国新华书店协会所有。

随着商标注册形式的确认，协会在商标维权与拓展工作上重点推进。首先，为扩大新华书店商标品牌的保护范围，与中国商标事务所协商，在马德里协约国组织（国际商标保护组织）范围内注册新华书店商标，推进新华书店商标品牌的国际化注册与保护进程。第二，在国家商标总局申请"新华书店"驰名商标的注册登记程序。使其受保护的力度加大、加强。第三，开始进行"新华书店"商标品牌作为无形资产的开拓和管理工作。利用品牌与无形资产的投资、运营和增效，使新华书店品牌资产在应用中不断扩展、增值。目前，关于设立新华书店品牌投资管理专业公司的设想正在不断地与专业公司进行沟通、洽谈，初步方案也已草拟，以使我党创立的这一国有无形资产和仅有的文化品牌长久发展。第四，筹备新华书店品牌资产的评估工作。"新华书店"品牌作为国有无形资产，在新华书店改制、改革的时期具有巨大的资产效应，也是引资合作中重要的谈判筹码。虽然新华书店品牌资产巨大、价值连城，但真正作为资产投资使用既未进行过评估，也得不到合作方的谅解、同意，已成为

引资合作，特别是引入外资过程中的瓶颈。因此，对新华书店品牌进行评估，以及分省评估，已成为迫在眉睫的大事。此项工作协会已开始前期运作。第五，在地方新华书店改制过程中，出现一些对新华书店品牌侵权的情况，在社会媒体和新闻报道中，也有损害新华书店权益的事情发生。协会在年内支持指导了广东协会和山东协会在此方面进行维权，关注事情的发展，并同相关媒体的上级部门进行接触沟通，较好地制止了侵权事件。第六，协会鉴于目前各地工商行政管理部门从维护商标注册人利益出发，屡屡致电协会，要求协会为当地新华书店使用新华书店品牌店开具授权书。有鉴于此，协会又同国家工商总局协商，将于2006年内按照国家工商总局的要求，采用分省授权的方式，与全国各地新华书店法人签订"新华书店商标使用授权书"。这一工作的开展，将使协会对全国新华书店基本情况有个详细的了解，对一旦发现冒用、盗用新华书店品牌行为，有了快速的反应机制，有利于净化系统经营环境和实施维权的作为。

二、协会的组织建设

根据国家社团法的相关规定，中国新华书店协会可在全国范围内分省设立各地的同类机构，协助北京协会本部共同为维护系统利益、权益开展工作。作为年度工作内容，2005年协会理事会也向理事单位提出了具体设立机构的要求，引起各地重视。目前已有广东、山东、宁夏等地成立了新华书店协会，还有10余个省、市、区在积极筹备之中。协会先后在组织的活动和研讨会上多次动员、强调各省成立协会的必要性和现实性，并请广东、山东等地协会介绍组织机构的建设经验和基本程序，起到了很好的推动作用。已建协会的省区都卓有成效、创造性地开展了一系列工作，并积累了一定的经验，这一工作在2006年将进一步推进。

三、组织开展专项活动

协会是会员的服务协调机构，为会员服务是立身之本。为促进会员之间的沟通交流，探讨新华书店系统关心、关注的重大问题，推动新华书店系统的工作开展和基础建设，协会于年内组织了如下活动：

1. 召开两次新华书店中小学教材招投标工作研讨会。2005年国家相关部门开始推行中小学教材出版发行招投标政策，并在全国范围内确定了11个省作为试点单位，作为中小学教材的发行单位对此新措施、新政策有待熟悉和应对。协会针对改革，适时召开中小学教材招投标研讨会，在保证正确对待、积极准备、全面应对的前提下，探讨如何发挥新华书店的优势资源，依靠实力、服务和效率，在竞标过程中保住发行权，继续发行好中小学教材。通过两次研讨会，与会各店取长补短、完善工作，提高应对能力和服务水平，在自身可创造条件与能力上下功夫，不放过任何一个细节，会议还邀请在竞标试点中成功中标的省店介绍竞标中的程序和细节，以便完善试点省的工作方案，为随后而来的招投标工作做好准备。会议还确定了交流协作机制。

2. 举办新华书店物流配送建设研讨会。协会于2005年9月在辽宁、内蒙古召开新华书店物流建设研讨会。物流建设和区域合作作为新华书店系统十分关注的两大业务近几年来正积极探讨、推进。与会代表就全国已经运行的物流配送中心的经验成果和发展趋势进行了积极的交流探讨。协会针对新华书店物流配送基础建设方兴未艾的现实，举办这一活动，其目的是推进系统物流建设，在提高运行效率和服务水平的前提下，还就如何注意物流建设中的问题，在真正发挥物流配送功能上展开讨论，使陆续兴建的物流设施得到有效运用。同时，新华书店近几年来区域化发展趋势日益严重，这是现阶段实力壮大的体现，也为今后全国一体化发展设置了障碍。如何发扬新华书店传统，倡导区域合作、达到共赢的效果也是本次研讨会的讨论重点。辽宁与内蒙古的合作项目为这种尝试开了一个好头，引起了新华书店系统的浓厚兴趣。新华同仁共同研究，探索新华书店在新时期发展大计，相互促进，共同发展。会议取得了很好的效果。

3. 协会应一些书店财务管理人员的要求，于年内在湖南、云南举办两期"新华书店系统财务及税收筹划与实务研修班"。两期研修班共有近200人参加，从财务管理和应税筹划的理论与实践入手，由浅入深地学习探讨，使与会者获取了很多的经验与技巧，达到了研修的目的。获得了与会者的一致好评，这种针对财务工作人员的培训与研讨，在新华书店系统中由协会主办还属第一次。

四、举办"新华情"全国征文活动

"新华情"征文活动是由中国新华书店协会、新华书店总店和中国青年报联合主办。活动宗旨是张扬新华人风采，塑造新华人形象，光大新华书店品牌，发扬新华书店传统的一次有意义的活动。活动于2004年8—12月在全国范围内举行，在活动期间共收到社会与新华书店员工的来稿1000余篇，经过严格筛选，评出一等奖3名、二等奖8名、三等奖15名、纪念奖31名，组织奖8名。2005年6月在协会理事会上，举行了征文活动颁奖仪式，征文活动评委会全体人员和协会理事会全体人员参加了颁奖仪式。

"新华情"征文活动开展以来，新华书店员工和社会读者广泛参与，反应热烈。投稿者最小的8岁，最年长的81岁。每一篇来稿都洋溢着对新华书店的热爱，彰显了新华人奋发向上的拼搏精神。"新华情"征文活动也使社会对新华书店有了全新的认识，为新华书店树立良好的社会形象和营造良好的社会环境奠定基础，也为新华书店70周年大庆的开展拉开了序幕。

五、筹划店庆工作方案

新华书店70周年店庆是继五十周年、六十周年店庆之后新华书店系统的一件大事。在近10年来，新华书店系统有了长足的发展，各省新华书店实力都有提高，集团化运作、规模化发展是这10年的主要特征，也是新华书店在市场经济环境下积极竞争、努力提高服务水平和确立自身地位的10年。在此基础上如何在新时期不断创新、壮大实力，保持社会主义图书市场的重要渠道与市场地位是新华书店要思考解决的问题。借助新华书店70周年店庆，弘扬新华精神，重新确定新华书店在市场中的主体地位，进一步发扬新华书店的整体优势，为我国的出版发行事业作出新贡献的是搞好店庆工作的重要目标。协会于2005年10月，先后两次向全国新华书店系统发出了征询新华书店70周年店庆工作方案的通知，通知发出去后收到了一些书店的反馈意见。各地新华书店对新华书店70周年店庆工作积极支持，并为店庆方案的制定出谋划策。

协会在大家反馈意见后，经过整理初步形成了拟供协会理事会讨论的草案。

六、协会开展的宣传和调研工作

利用各地媒体进行新华书店系统宣传是协会的重要工作。目前协会设有网站和协会会刊，均有专业机构管理。网站从开始之日起就注意搜集各地新华书店最新信息、积极反映，并设有读者论坛。对新华书店改制、集团化运作和物流建设与连锁发展等议题进行讨论，尽管论坛中有过激的言论，但从总体上体现了社会与读者以及新华书店员工对新华书店的关心、关注。网站开办以来点击率已超过五十万次，开辟了一个供社会与读者及新华书店内部员工了解新华书店的平台与窗口。

协会会刊也以每月一期的刊期连续出版，会刊就新华书店和发行业务的重点、热点问题进行报道，其中就企业文化、农村发行、改革改制、现代企业制度建立、中小学课本发行和连锁建设等一系列课题进行集中报道，效果良好，也为读者和同行了解新华书店、了解协会奠定了重要基础。

特别是在维护新华书店权益，扩大新华书店正面形象，大张旗鼓地宣传中国新华书店协会的工作，代表系统接受采访，为维护新华书店权益进行宣传，在不同的媒体上刊发协会简介，介绍新华书店的整体优势等系列文章，使社会及国外加深了对新华书店的认识。

在开展调研方面，协会也做了许多工作。如对农村发行工作的建议与反映，注意搜集全国各地相关信息向国家重要媒体进行反映。在新华书店实施现代企业管理工作中，积极推进 ISO9000 认证工作。先后在江西、湖北、山东、宁夏、广西、广东等地进行认证推进工作和调研，对协会工作从何入手与开展掌握了一手资料。对各级书店在建立稳固管理平台后，积极进入市场，以自身特有优势开展市场竞争及建立企业文化等方面提出了一些意见，对新华书店营销及宣传工作的建议等都做了一些宣传与调研。这些调研与宣传，既针对新华书店阶段工作有现实的推进，也对深化新华书店管理提供了一定的支持。

七、存在的问题

1. 协会与理事单位沟通不足，对理事单位的积极性少有发挥。特别是在协会以下应有二级机构或专业委员会，建设方面不足，不能达到协会与会员的快速沟通。由于全国性的工作开展不多，还未在会员中树立较好的权威形象。

2. 有针对性地开展全国性活动较少，在系统内开展对会员维护权益，提供服务的活动较少，难以达到会员了解协会、宣传协会、依靠协会的作用。

3. 调研工作力度不够，对新华书店自身改制和发展的调研滞后，未起到促进、推动、指导、协助全国新华书店积极改制的作用，对新华书店具有针对性的课题还没有应对设施。

2006 年工作总结

2006 年协会在总结上一年工作的基础上，总结经验，寻找不足，在总署的领导下开展了一系列工作。

一、在图书市场变革新形势下架起政府与新华书店之间的桥梁

随着统一的发行模式的改变，协会发挥了承上启下的作用。即使新华书店光荣历史得以延续，又适应了发行体制改革新形势。

国家《中小学教材发行招投标试点实施办法》出台后，三家省级新华书店率先作为试点，后扩大为 11 家，又将继而开始全面铺开。中小学教材统一由新华书店发行这一特殊待遇随之消失，对于有些新华书店特别是长期依赖中小学教材发行的新华书店来说，发行权的丧失，意味着难以想象的损失。因此，协会在教材发行招投标试点过程中，1 月召开《新华书店中小学教材招标工作研讨会》，一是听取各店对教材招投标工作的意见及建议；二是便于各店学习借鉴试点单位在招投标工作中的经验。针对有些地方招投标办公室提出非本地区新华书店是否符合"在招标地区具备有效配套的发行网络"这一条件的问题，协会向 11 省、市中小学教材发行招投标试点领导小组办公室发出沟通函，充分陈述协会观点，使跨省投标的各省新华书店顺利投标。

二、"新华书店"商标的境内外注册

发扬光大新华书店品牌，对新华书店商标的使用、管理、保护和监督，维护会员对商标使用的合法权益是协会的一项重要职责。为全面加强对"新华书店"商标的境外保护，中国新华书店协会于 2006 年 5 月聘请中国商标专利事务所代理，在 22 个国家申请注册"新华书店"商标。这 22 个国家是：澳大利亚、日本、韩国、越南、新加坡、英国、美国、奥地利、比利时、荷兰、卢森堡、法国、德国、意大利、蒙古、波兰、葡萄牙、罗马尼亚、俄罗斯、西班牙、瑞士、乌克兰。目前除韩国外，中国新华书店协会已获得世界知识产权组织马德里国际注册局的注册证明。

三、筹备全国新华书店 70 周年店庆活动

5 月，协会召开会长办公会，原则通过了《新华书店 70 周年店庆活动方案（草案）》；7 月 4 日，协会召开理事会讨论该方案（草案），使方案得以进一步完善；7 月 31 日，协会召开店庆活动联络员会议，针对之前的理事会上通过的店庆方案，向与会人员进行贯彻、部署。至此，新华书店 70 周年店庆活动拉开了序幕，并按方案安排逐项展开。

四、开展专项活动情况：

为新华书店系统配合改制、竞标和规范服务等工作，从 2005 年始，协会委托北京大成新华公司在新华书店系统开展了 ISO9000 质量认证工作。2006 年年底协会于海南举办"新华书店建立 ISO9000 质量管理体系经验交流会"。全国各省（区、市）新华书店（集团）的高级管理人员参加了会议。会议围绕 ISO9000 标准与新华书店管理模式的关系、ISO9000 标准在新华书店贯彻实施的方法和意义、新华书店运用 ISO9000 管理模式的经验介绍、已通过认证的新华书店如何应对每年的监督审核及目前体系过程中存在的问题、有效运行 ISO9000 质量管理体系提高新华书店质量管理水平和连锁经营的思路进行交流研讨。

总结一年来的工作，还有许多不足，如协会整体工作的计划性还比较欠缺；协会网站及会刊的作用还可以发挥得更多一些；维权工作及"新华书店"商标使用管理力度还需要进一步加强。

2007 年工作总结

2007 年对照年初制定的工作计划，以为全体会员单位服务为宗旨，以新华书店 70 周年店庆为契机，开拓创新、真抓实干，取得了一定的成绩。

一、组织实施全国新华书店 70 周年纪念活动

此项活动于 2006 年下半年即开始筹备，在 2007 年上半年主要完成了 7 项工作。这 7 项工作是①协助国家人事部、新闻出版总署进行全国新华书店先进集体、先进个人和劳动模范的表彰；②主办了新华书店 70 周年庆典晚会；③主持编辑了《新华书店 70 周年纪念文集》、《新华书店 70 年纪实》并向各级新华书店各下发 3000 册；④在全国新华书店系统举办新华员工摄影书画展；⑤组织各省（区、市）新华书店向延安希望小学捐赠百万图书；⑥在全国新华书店系统内组织开展为期一个月的出版物优惠展销活动及送书下乡活动；⑦开展了系统内职工工作年限认证，为在新华书店工作 30 年、40 年的老同志颁发荣誉证书（这几项工作的详细情况已形成专项报告报总署）。2007 年下半年还开展了编辑《新华书店 70 周年画册》工作（此项工作还在进行中）。

二、新华书店驰名商标的认定

2006 年，北京新华世纪数码有限公司向国家商标局申请注册了"新华世纪"商标，其服务项目与"新华书店"商标的服务项目发生严重冲突。协会认为，如任其在市场出现，会直接造成广大读者认为其与"新华书店"注册人存在从属关系，假如其在市场中发生某种违法行为，会直接导致"新华书店"品牌的损害。根据新《商标法》和《驰名商标认定和保护规定》，当事人在商标注册、商标评审过程中产生争议时，可以相应地向商标局或商标评审委员会请求驰名商标认定的规定，协会向商标评审委员会对"新华世纪"提出争议，要求撤销该注册商标以维护"新华书店"商标的合法权益。考虑到通过与该案并案请求认定"新华书店"商标为中国驰名商标可以启动加急审理程序（协会申请新华书店驰名商标从 2005 年即开始），因此，在专业机构的

建议及指导下，协会在提出争议的同时请求认定"新华书店"商标为中国驰名商标。经过一年多的反复努力，2007 年 8 月"新华书店"商标最终被国家认定为中国驰名商标。

2007 年，协会在国家商标局还注册了第 39 类、第 41 类集体商标，在出版物发行、培训、节目制作、货物运输、货物储藏等 20 个项目上进行了保护。

三、开展各项专项活动

①为帮助新华书店系统财务管理人员理解、运用企业新会计准则，把握会计理念、准则体系、准则内容修订要点，进一步提高经营者的决策管理水平，协会 2007 年 6 月分别于厦门及桂林举办了两期"新华书店系统新会计准则与新税制改革研修班"，有 130 多名新华书店财务主管及财会人员参加了学习。学员反映，通过学习及时了解了最新税制改革动态，熟悉了最新财税政策，提高了工作能力。

②为致力于鼓励和促进整合营销传播在图书发行业中的有效运用，通过销售整合、品牌整合、人才整合等资源整合塑造一个完整、统一、协调的图书发行品牌新形象，协会与《中国图书商报》2007 年 10 月于北京举办了"整合营销传播与大型图书卖场营销研修班"。本次培训融理论解析、操作规范与案例剖析于一体，全面展示整合营销传播的知识与技巧，为图书营销领域各个环节的经营与管理人员提供了极具价值的参考。

③为帮助各新华书店相关人员学习了解 2008 年 1 月 1 日起施行的《劳动合同法》的立法精神和主要内容，准确掌握劳动争议时的司法尺度与执法标准，进一步规范各单位劳动用工制度和管理制度改革，及时有效化解各种矛盾，创建新华书店企业和谐劳动用工关系，协会 2007 年 11 月于昆明举办了"新《劳动合同法》解读与新华书店企业劳动用工专题研修班"。通过学习，大家对劳动合同立法的主要内容及新规定有了进一步的认知，用人单位提高了解决劳动合同管理和风险防范的能力。

④为帮助新华书店系统管理人员深入了解我国书业连锁经营的现状及连锁经营中应注意的问题和发展趋势，协会于 2007 年 12 月在深圳和海口举办了两

期"新华书店系统连锁经营与物流配送研讨班"。通过学习大家对如何采集物流相关数据、建立物流信息化平台有了新的认识，提高了采用先进的物流管理理念和技术制定相关发展计划的能力。

⑤为贯彻执行教材发行工作改革精神，推进教材发行工作，协会于2007年12月在广州召开"全国省级新华书店总经理会议"。会议听取了与会人员对教材发行招投标工作的意见和建议。大家思想统一、认识到位，为迎接教材发行招投标工作的新举措做好了准备。

四、组织建设工作

协会秘书处按照会长办公会的要求建立起同新闻出版总署、国家民政部等业务主管部门的专项联系，定期汇报协会工作情况，及时取得政府主管部门对协会的指导和支持。在组织建设上要求各地新华书店筹备成立各省新华书店协会，并积极进行指导，积极与各省（区、市）新华书店或集团联系筹备成立省级协会的具体事宜；在完善机构设置上，2007年协会新建了"商标维权处"，围绕商标保护、商标拓展、商标注册开展了一系列工作；在自身建设上，逐步建立完善了协会的办事机构，协会秘书处配备了专职工作人员，建立了工作制度，健全了与会员的联系与沟通渠道，为协会工作的开展创造了基本条件。2007年6月，参加了总署组织的署管协会贯彻学习国务院《关于进一步推动行业协会商会工作的通知》的会议，进一步理清了行业协会的职责与作用，在工作中加大了协会作用的发挥。

五、网站及《会刊》建设工作

网站和《会刊》自开办以来，在发布相关政策、措施，报道各地活动及信息方面发挥了重要作用，也得到了新华书店系统各方面的大力支持和热情参与。目前，网站及《会刊》在系统中的影响越来越大。在2006年8月至2007年7月一年的时间里，《会刊》和网站借着新华书店店庆70周年的大好时机，大力宣传报道新华书店发展成就和有关店庆活动的方方面面，在业内产生了积极的影响。《会刊》和网站在沟通各新华书店关系、促进业界交流、增强行业凝聚力方面产生了重要的作用。2006年8月至2007年7月，《会刊》共出版

12 期，累计版面 248 个，总报道文字量 70 余万字。刊登各地来稿 396 篇，涉及 30 余省市。网站累计编发 30 余期《会刊》，共编辑发布投稿 190 余篇。论坛发帖 1424 个，现有注册成员 1790 位。网站累计访问量 34273 人次，浏览量 62142 人次。网站设立了 8 大版块、30 多个子栏目，截至目前，已发布消息近 5 万多条。

《会刊》和网站现有特约记者 33 人，通讯员 35 人，长期投稿的热心参与者 20 余人。

六、宣传工作

①围绕驰名商标的认定，协会将"新华书店"商标标识作为广告在《光明日报》、《新闻出版报》刊登并在《光明日报》、《新闻出版报》、《中国图书商报》上刊登新闻稿，详细介绍了"新华书店"商标注册始末。

②充分利用协会会刊、网站，宣传协会工作、沟通各店工作情况，促进业界交流，为业内人士信任协会、支持协会工作起到了积极的促进作用。

③完成了《中国出版年鉴》、《中国驰名商标名录》的约稿，为社会各界了解协会、认知协会打开了窗口。

70 周年店庆活动总结

在中宣部、新闻出版总署的支持指导下，由中国新华书店协会发起和组织的新华书店 70 周年各项店庆活动圆满结束。

2006 年 5 月 29 日，协会召开会长办公会，原则通过了《新华书店 70 周年店庆活动方案（草案）》；7 月 4 日，协会召开理事会讨论该方案（草案），使方案得以进一步完善；7 月 31 日，协会召开店庆活动联络员会议，针对之前理事会上通过的店庆方案，向与会人员进行贯彻、部署。至此，新华书店 70 周年店庆活动拉开了序幕，并按方案安排逐项展开。

一、双先表彰

在国家人事部、新闻出版总署两部委组织下，70 年来第一次在全国新华书店系统进行了先进集体、先进个人的表彰。各省按照两部委联合下发的评选条件和要求，做了大量艰苦细致的工作，层层评选，评选出本省干部职工认可的优秀集体和个人。在此次评选活动中，共有 32 个省级新华书店的 65 个单位和部门获得全国新华书店系统先进集体称号，33 名个人获得全国新华书店系统劳动模范称号，2 名个人获得全国新华书店系统先进工作者称号。新闻出版总署于 2007 年 4 月 27 日在京召开了纪念新华书店创建 70 周年暨全国新华书店系统先进集体、劳动模范和先进工作者表彰大会。中央领导对新华书店成立 70 周年给予高度关心重视。李长春同志给大会发来贺信，接见了获奖代表并与代表合影。刘云山、陈至立等中央领导参加大会。刘云山同志作了重要讲话。两部委的表彰极大地鼓舞了新华员工的工作士气，提升了广大干部职工的荣誉感、责任感。领导同志的讲话为新华人下一步的出版物发行工作指明了方向，奠定的基础。中国新华书店协会王俊国会长代表全国新华书店在大会作了讲话。目前，各店干部职工正在认真学习领导讲话，领会精神，以指导下一步的各项工作。

二、庆典晚会

为突出新华精神，展现新华人风采，协会主办了店庆 70 周年庆典晚会。庆典晚会由重庆新华书店集团公司承办。他们对这台晚会给予了高度重视，投入了大量时间、人力和精力，付出了艰辛的努力。集团公司领导亲自修改脚本，到场指导，审查节目，演出从方案拟制、采风、排练到成功上演历时 8 个多月，仅脚本就修改了 14 稿，并几次到新华书店发祥地延安搜集照片资料，演职人员付出了辛勤劳动和汗水。参加新华书店 70 周年文艺演出的员工大多不是专业演员，没有表演基础。但为了奉上一台精彩的演出，他们付出了超乎想象的努力。

晚会筹备期间也得到各省、市店的热切关注。各店积极为晚会提供了素材。在各省市店的大力支持下，在重庆新华书店集团公司干部职工艰辛的付出中。名为《新华人》的文艺晚会分别于 4 月 24 日晚和 25 日下午在重庆市劳动人民文化宫上演。以情景音舞诗画的形式，通过《毛主席给咱题了词》、《欢乐鼓舞》、《我们的老家在延安》等 19 个精彩剧目，重现了新华人一步步从艰苦创业走向辉煌改革的发展之路，讴歌了新华书店、新华人，展示了新一代新华人积极进取、拼搏创新的感人风采，提高了全国新华书店的同心力、凝聚力。演出获得巨大成功并得到总署领导、协会领导、重庆市政府领导的充分肯定。

三、编辑出版《新华书店 70 周年纪念文集》、《新华书店 70 年纪实》

为缅怀老一辈新华人艰苦创业的光辉业绩，继承和发扬新华书店的光荣传统、弘扬新华精神，展现当今工作在发行岗位上的新一代新华人的风采，协会主持编辑了《新华书店 70 周年纪念文集》、《新华书店 70 年纪实》。两本书的编辑工作由新华书店总店承办。

《新华书店 70 周年纪念文集》分两部分。第一部分为各省（区、市）新华书店（集团）老领导，老职工从历史的角度，以各店史料为依托记述的新华书店各历史时期的典型人物、历史事件、光辉业绩等回忆文章。文集收入了包括总店在内的 31 个省（区、市）的共 112 篇文章。

第二部分为在新华书店 70 周年征文活动中获得一、二、三等奖及优秀奖的获奖作品。在全国新华书店系统员工和社会读者中开展征集评选纪念征文活动也是新华书店 70 周年店庆活动的重要组成部分。此次活动由协会主办，四川省新华书店集团承办。承办单位共收到来自 29 个省（区、市）参评征文480 多篇。这些稿件承办单位按各奖项名额二倍的数量进行了初评并将初评文章报至协会，总店按各类奖项名额数量进行了认真甄别、遴选，在原订 60 篇获奖名额上又增加了 5 个优秀奖，最后报专家评委会终审。获奖作品包括社会读者文章在内共计 65 篇。《新华书店 70 周年纪念文集》约 51 万字，由中国大百科全书出版社出版。

《新华书店 70 年纪实》一书撰稿人为尹承千，是以中国革命和建设事业中所发生的一系列重大事件为背景，以历代新华人艰苦卓绝的奋斗业绩为题材，经过对浩繁的文史资料的筛选整理，将新华书店的诞生、成长、发展、壮大、创新历程汇集成册，宏观、全面、系统地描述了新华书店走过的 70 年光辉历程。《新华书店 70 年纪实》一书近 40 万字，由生活·读书·新知三联书店出版。

以上两书即将出版并陆续发至各店。

四、摄影书画展

在全国新华书店系统举办摄影书画展，以新华人的视角、以新华人的笔墨纪录行业风貌，展示新华人风采和新华书店的文化底蕴，也是店庆的重要活动之一。此项活动由重庆新华书店集团公司承办。全国新华书店系统员工（含离退休人员）积极参展。评选开始前，承办单位共收到来自全国 28 个省市店的 645 幅作品。其中书法作品 235 幅，绘画作品 196 幅，摄影作品 203 幅。经由行业内领导、专家学者组成的评委会的评选，共评选出摄影、书法、绘画一、二、三等奖和优秀奖各 60 名。书市期间，在重庆国际会展中心举行的摄影书画展吸引了参加全国书市的同业及业外参观者的目光。为新华书店能有如此的展览而感叹。此次展览展示了新华人的风采，极大地提升了新华书店在社会上的影响力。

五、"新华延安情"图书捐赠活动

继承和发扬延安精神，回报新华书店诞生地，回报老区人民，是新华人义不容辞的责任。在新华书店成立 70 周年之际，协会组织各省（区、市）新华书店向延安希望小学捐赠图书。此项活动得到全国各店的积极响应，活动结束时共收到 30 个省（区、市）捐来的图书共计 100 余万码洋。此项活动由陕西省新华书店集团有限责任公司承办。

六、店庆宣传月活动

为扩大新华书店的社会影响、回报社会、回报读者，全国新华书店系统有条件的门市均开展了为期一个月的出版物优惠销售活动及送书下乡活动。活动期间，店庆组委会统一制作了海报、吊旗、促销赠品。各店选出地段优势的门店统一展出包括人民文学出版社、商务印书馆等在内的若干家出版社的图书和本社优秀图书。在 3 月 24 日、4 月 24 日两天，各省（区、市）店根据店庆组委会统一设定的广告样式，结合本省服务承诺，同一天刊登广告。形成了全国店庆覆盖效应，使新华书店店庆活动达到高潮。

七、荣誉证书认证活动

为使一生奋斗在图书发行岗位上的老同志的功绩得以见证，同时激励新一代新华人努力做好发行工作、爱岗敬业，组织全国各省（区、市）店开展了对本省在职人员工作年限的认证。各店人事部门为此付出了大量的劳动，对本省及本省范围内（包括不在管辖之内的市、县店）符合条件的在岗人员进行认真的工作年限核实、统计，共发出荣誉证书、证章 5—29 年 81400 个，30 年以上 15200 个（枚）、40 年以上 3200 个（枚），这些证书及证章均已在店庆日前发至职工本人。

店庆活动期间，各省（区、市）店根据全国店庆组委会的安排，均开展了本省店庆活动，制订店庆方案、落实组织机构，确定活动内容。许多省的活动内容中除全国统一的规定内容外，还结合本省实际情况制定了自选内容。这些内容包括：本省文艺汇演、技能竞赛、本省职工摄影书画展、纪念庆祝大会、老职工座谈会等。

为满足店庆活动期间各店对外宣传、交流、公关的需要，烘托店庆气氛及满足职工收藏的需要，同时补充店庆 70 周年纪念活动经费，纪念活动组委会统一制作了一批包括纪念邮册、吉祥物、工艺礼品在内的 23 个品种的纪念礼品、宣传品。各省对活动积极响应，许多店在原订数的基础上纷纷追加订数，使此项活动收效良好。

中国新华书店协会组织的各项店庆活动在各省（区、市）店的大力支持下圆满结束。通过各项店庆活动，达到了突出新华书店整体形象，增强全国新华人凝聚力的效果，反映了社会主义市场经济体制下出版物发行及文化企业的鲜明特色，表现出了新华书店在社会主义市场经济条件下的主导作用，体现了新华书店服务大众、回馈社会的良好愿望及实际行动。全国新华人将遵循刘云山同志讲话精神，牢记光荣使命，始终以传播社会主义先进文化为己任，加快改革发展，发挥市场主导作用，创新服务理念，面向基层、服务群众、发扬传统、与时俱进，将 70 周年作为契机，以崭新的精神风貌去迎接新华书店光辉灿烂的明天。

李长春同志
致纪念新华书店创建 70 周年暨
全国新华书店系统先进集体、
劳动模范和先进工作者表彰大会的贺信

新华书店是 70 年前，中国共产党在延安创建的出版发行机构，70 年来始终是我们党宣传思想文化战线的重要力量。无论是在烽火连天的革命战争年代，还是在社会主义革命和建设时期，新华书店始终坚持宣传马克思主义和马克思主义中国化理论成果，自觉传播科学知识和民族文化，为团结教育人民，提高民族素质，推动中国革命和社会主义建设事业向前发展作出了重要贡献。改革开放以来，新华书店发扬光荣革命传统，认真贯彻党的出版方针，坚持为人民服务，为社会主义服务，坚持走改革开放之路，在社会主义物质文明和精神文明建设中，发挥了积极作用，为推进经济社会发展作出了新的贡献。

当前我们国家的发展，正处于重要战略意义期，面对社会主义市场经济的深入发展，面对人民群众精神文化需求的不断增长，面对世界各种文化的相互激荡，出版发行工作责任重大，使命光荣，新华书店作为我国出版发行业的骨干企业，应当在全国出版物市场发挥主导作用，创造新的业绩。希望新华书店的同志们进一步增强加快改革发展的紧迫感，加快体制机制创新力度，尽快做强做大，努力提高传播社会主义先进文化的能力，提高国际竞争力和市场占有率，提高服务大局，服务群众的能力，希望全国出版发行战线的同志们，坚持以邓小平理论和"三个代表"重要思想为指导，全面落实科学发展观，以高度的历史使命感和强烈的社会责任感，抓住机遇，深化改革，推动出版发行业繁荣发展。实施中华文化"走出去"战略，在全面建设小康社会，构建社会主义和谐社会中发挥更大作用，争取更大光荣。

刘云山同志
在纪念新华书店创建 70 周年
暨全国新华书店系统先进集体、
劳动模范和先进工作者表彰大会上的讲话

今天，我们在这里隆重集会，纪念新华书店成立 70 周年，表彰全国新华书店系统的先进集体和劳动模范、先进个人。我谨向新华书店的新老员工和全国出版发行战线的全体同志表示热烈祝贺和诚挚的问候！向受到表彰的先进集体和劳动模范、先进个人致以崇高的敬意！

新华书店是中国共产党在延安时期创建的出版发行机构，有着光荣的革命传统。70 年来，新华书店从无到有、从小到大，走过了不平凡的发展历程。在革命战争年代，新华书店干部职工不畏艰难险阻，不怕流血牺牲，印制发行大量进步书刊，传播真理、团结人民，成为推动中国革命从胜利走向胜利的重要力量。在社会主义建设和改革开放时期，新华书店坚持全心全意为党的中心工作服务、为社会各界读者服务，及时发行党和政府的重要文献，发行各种优秀读物，对于宣传党的理论路线方针政策、传播民族文化、普及科学知识发挥了重要作用，为提高全民族思想道德素质和科学文化素质、推动改革开放和现代化建设事业作出了重要贡献。现在，新华书店网点遍及城乡各地，成为我国出版物发行的重要渠道，成为国内外知名的优秀文化品牌。回顾 70 年的发展历程，新华书店在出版物发行方面积累了十分宝贵的经验，造就了一支富有战斗力的发行队伍，涌现了一批又一批先进模范人物。正是几代新华人以对党的忠诚、对人民的热爱和对事业的追求，始终把传播先进文化作为崇高使命和神圣职责，呕心沥血、兢兢业业，积极进取、改革创新，用自己的青春、智慧和热血，谱写了新华书店发展的壮丽篇章。

我们党历来高度重视新华书店的工作，党的三代领导核心毛泽东、邓小平、江泽民同志多次就出版发行工作作出重要批示，并为新华书店题词。以胡锦涛同志为总书记的党中央对出版发行工作十分关心，采取一系列重要措施推动出版发行业的繁荣发展。在新华书店成立 70 周年之际，中共中央政治局常委李长春同志接见了受到表彰的先进集体和劳动模范、先进个人，并专门发来贺信，代表党中央、国务院对新华书店的重要作用和贡献给予充分肯定，对做好新形势下的出版发行工作提出明确要求。这是对包括新华书店干部职工在内的广大出版发行工作者的鼓舞和鞭策。我们一定要认真贯彻中央指示精神，继续发扬优良传统，进一步解放思想、与时俱进，树立新理念，拓展新思路，形成新机制，努力在更加开放和激烈竞争的市场环境中实现自身的跨越式发展，在为人民群众提供优质服务的过程中创造出版发行业的新辉煌。

1. 牢记光荣使命，始终以传播社会主义先进文化为己任。出版发行业是党和国家工作的重要组成部分，是社会主义精神文明建设的重要方面军。新华书店作为我国出版发行的骨干企业，应当始终坚持"二为"方向，大力弘扬体现国家发展、人民幸福、民族团结、社会和谐的思想文化，更好地担负起传播社会主义先进文化的历史使命。要进一步增强政治意识、大局意识、责任意识，切实做好马克思主义经典著作、党和国家重要文献和关系青少年健康成长的教材课本的发行工作，更好地为党和国家工作大局服务。要着眼于满足人民群众日益增长的精神文化需求，大力促进出版发行业的繁荣发展，以更多宣传科学理论、讴歌民族精神、塑造美好心灵、弘扬社会正气的图书报刊吸引读者、服务读者，更好地丰富社会文化生活。我们的新华书店不仅要销售图书，而且要引导阅读。要充分发挥新华书店联系读者多、覆盖范围广的优势，在协同有关方面开展"全民阅读活动"中，大力倡导多读书、读好书的良好风尚。要坚持把社会效益放在首位，努力实现经济效益与社会效益的有机统一，以强烈的社会责任感，自觉抵制各类低俗庸俗的文化垃圾，坚决反对各种侵权盗版行为，维护文化市场秩序，营造健康和谐的文化生态。

2. 加快改革发展，努力在全国出版物市场发挥主导作用。近年来，新华书店积极稳步地推进改革，在许多方面创造了新鲜经验，取得了明显成效。同时也要看到，随着加入 WTO 过渡期的结束，出版分销领域逐步放开，国外企业纷纷进入我国出版市场，出版发行领域的竞争日趋激烈，深化改革、加快发展的任务十分繁重，必须进一步增强改革的自觉性、坚定性，增强发展的紧迫感、责任感。要坚持以培育市场主体、完善市场体系为重点，加大力度、加快进度，切实把出版发行体制改革引向深入，努力建立符合社会主义精神文明建设要求、适应社会主义市场经济发展需要、体现现代文化传播规律的中国特色出版发行体制。要着眼于提高企业自主创新能力和集约经营水平，盘活存量、优化增量，以资产为纽带推进集团化建设，加快兼并重组步伐，实行跨地区、跨部门、跨媒体联合，打造一批具有较强实力和竞争力的国有控股文化企业和企业集团。要按照现代企业制度的要求，尽快完成股份制改造，加快推进统一配送、连锁经营、信息化管理的新业态建设，推动形成统一、开放、竞争、有序的现代出版物市场体系。要充分发挥新华书店的品牌优势，遵循市场经济规律，大力发展现代流通方式，积极运用高新技术提高物流装备水平，切实做好优秀出版物的推广营销工作，积极占领市场、赢得市场，在参与市场竞争、促进文化消费中实现自身的更大发展，更好地发挥国有文化企业的主力军作用。

3. 创新服务理念，更好地面向基层、服务群众。文化来自于人民，必须服务于人民。随着物质生活水平的不断提高，人民群众求知求乐求美的愿望更加强烈，对精神文化产品的选择性大大增强。我们的出版发行业应当认真贯彻"三贴近"要求，进一步创新理念、打开思路，积极探索适合基层特点、适应群众需要的新途径、新方式，切实提高面向基层、服务群众的能力。要把读者需求作为第一信号，把读者满意作为衡量标准，拓展服务领域和渠道，提高服务质量和水平，努力把更多更好的精神文化产品送到基层，不断满足人民群众多层次、多方面、多样性的精神文化需求。要进一步增进同人民群众的感情，满腔热忱地为普通群众特别是农民群众服务，多考虑边远地区、困难群众的精神文化需求，多提供他们买得起、看得懂、用得上的精神文化产品。要下大力气在农村地区增加网点、扩大覆盖，坚持不懈地开展"送书下乡"活动，组织"流动图书馆"等多种形式的文化服务，给广大农民群众送去党和政府的政策信息，送去通俗易懂的科技知识，送去发展致富的美好希望。要积极参与"农家书屋"工程的实施，推动建立"供书、读书、管书、用书"的长效机制，更好地让广大农民群众共享文化发展的成果。

4. 加大"走出去"力度，进一步扩大中华文化的影响。出版物发行是对外文化交流的重要渠道，是展示国家形象的重要窗口。近年来，出版发行部门积极实施"中国图书对外推广计划"，主动参与各种国际性图书博览会、展览会，为推动中华文化走向世界作出了重要贡献。现在，国际社会研究东方文化、学习中国语言、了解中华文明的兴趣日益增强。要抓住这一有利时机，整合资源、创新机制，不断拓展"走出去"工作的广度和深度。要坚持以市场为导向，以企业为主体，通过图书贸易、版权合作、合资联营等方式，拓宽对外发行渠道，进一步扩大我国出版物在国际文化市场上的份额。要坚持贴近中国发展的实际、贴近世界各国对中国信息的需求、贴近国外读者的阅读习惯，注意加强与海外中国文化中心、孔子学院的沟通和联系，善于发挥海外华人社团、留学生的积极作用，及时掌握相关信息，突出特色、发挥优势，不断提高对外出版物的吸引力、亲和力、感染力。

5. 发扬优良传统，始终保持与时俱进的精神状态。新华书店在70年的光辉历程中，形成了"坚定的办店方向、无私的奉献精神、开拓创新的意识、勤俭办企业的作风"，锻造了"爱党、爱国、爱店、敬业"的新华精神。这些已成为一代又一代新华人的宝贵精神财富，成为新华书店系统发展壮大的力量源泉。今天，我们纪念新华书店创建70周年，就是要继续弘扬"新华精神"，锐意进取、开拓创新，为繁荣发展我国出版发行业作出新贡献。广大出版发行工作者要发扬老一代新华人的优良传统，坚定理想信念，自觉践行社会主义荣辱观，保持良好的职业精神和职业道德，敬业、勤业、精业，不断提高综合素质，以良好信誉和优质服务树立国有骨干发行企业的品牌形象。出版发行管理部门要积极适应形势发展的需要，认真贯彻尊重劳动、尊重知识、尊重人才、尊重创造的方针，切实加强队伍建设，特别是经营管理人才的培养，努力造就一支政治坚定、视野开阔，懂经营、善管理的宏大的人才队伍，为我国出版发行业的持续快速发展提供有力保障。

同志们，出版发行工作同党和人民的事业紧密相连，伟大的时代赋予出版发行工作者崇高的使命。让我们紧密团结在以胡锦涛同志为总书记的党中央周围，高举邓小平理论和"三个代表"重要思想伟大旗帜，全面落实科学发展观，围绕中心、服务大局，面向基层、服务群众，为全面建设小康社会、构建社会主义和谐社会作出新的更大贡献！

2008 年工作总结

一、发挥行业组织的纽带作用，反映斥求，为会员单位办实事

国家《中小学教材发行招投标试点实施办法》出台后，从 3 家省级新华书店率先作为试点，后扩大为 11 家，又将继而开始全面铺开。中小学教材统一由新华书店发行这一长期优惠将随之消失，对于有些新华书店特别是长期依赖中小学教材发行的新华书店来说，发行权的减少或丧失，意味着重大的经济效益和社会效益的损失。

协会意识到，实行中小学教材出版发行招投标是一场巨大的变革，是新华书店面临的严峻考验，在制订教材招投标政策时，如果忽视了新华书店与教材发行之间的历史渊源与新华书店在教材发行中所作出的巨大贡献，不正视教材发行对新华书店在改革时期的重要作用，一味地要打破新华书店对教材发行所谓的垄断、暴利，则可能在无意中摧垮新华书店长久编织的系统。

因此，协会根据 2007 年三部委制定的中小学教材发行招投标实施办法和方案，针对 2008 年秋开始中小学教材发行招投标在全国范围内全面推开，协会立即召开全国新华书店工作会议，听取各级新华书店对此项工作的意见及建议。根据这些意见及建议，协会向中宣部、国家发改委、总署及教育部上报了

《关于中小学教材发行竞标工作全面推开的情况反映》（以下简称《反映》），《反映》中陈述了发行招投标在全国全面推开会产生的问题及协会的观点，也对此项工作的开展提出了协会的建议。《反映》对中小学教材发行招投标工作起到了重要作用。

二、加强新华书店系统商标使用管理

发扬光大新华书店品牌，对新华书店商标的使用、管理、保护和监督，维护会员对商标使用的合法权益是协会的一项重要职责。协会为使新华书店这一品牌在各级新华书店改制后仍保持统一视觉识别形象做了大量工作。对改制后企业名称中没有"新华书店"字样的店如何使用"新华书店"商标、各店多元化经营后所产生的附属企业如何使用"新华书店"商标、在使用"新华书店"商标的同时如何与本企业自设商标相结合等都作出了规定，使新华书店商标在使用上形成一个唯一标准。

三、发起向地震灾区新华书店捐款，体现了协会的号召力及新华书店系统凝聚力

在四川汶川地震发生的第二天，协会首先向四川新华发行集团有限公司发出慰问信。并联系到四川新华发行集团有限公司，了解到灾区新华书店的震情。在得知北川县、汶川县、青川县新华书店的严重灾情后，5月16日，中国新华书店协会向全国新华书店发出捐款倡议：伸出温暖的双手，尽我们全部之所能，献上一份爱心。协会将倡议书以特快专递的方式发到各省（区、市）新华书店（集团），并将倡议书在协会网站上发布。

为了最快捷地将捐款送达灾区新华书店，协会与四川新华发行集团商议，各级新华书店的善款直接汇至四川新华发行集团公司，由公司统筹安排，专款专用。

在这次捐款活动中，省市级新华书店（集团）捐款的有23家：出版社捐款的有6家，以个人名义捐款的有37人，民营企业捐款的有4家。四川新华发行集团共收到捐款2657471.13元。这些款项已全部拨往灾区新华书店，并由审计机构做了专项审计。这次捐款活动体现出了新华人精诚团结和关爱互助

的精神，这次捐款活动的圆满结束，证明协会在紧要关头，能团结全体会员，担负起自己的使命，起到了协会应有的作用。协会组织的这次捐款活动得到新闻出版总署的重视，在总署主管的十几个协会中，中国新华书店协会是以协会名义发起组织定向捐款活动的唯一协会。

四、开展各项专项活动

1. 举办了两期"全国新华书店系统 08 年度财务人员培训班"；及"新华书店改制与投融资管理研讨班"。

2. 为筹备协会换届，召开系统内各级别协会换届筹备会。

3. 按照章程按期召开协会理事会及常务理事会。

中国新华书店协会
第一届理事会工作报告

王俊国

中国新华书店协会自 2003 年成立至今已五年，按照《中国新华书店协会》章程，会员代表大会每届四年，因特殊情况延期换届不超过一年。2007年正逢新华书店成立 70 周年，协会因组织一系列店庆活动，未能如期换届。因此，经新闻出版总署批准，协会换届延期一年。

中国新华书店协会成立近五年来秉承为会员服务，维护新华书店合法权益，架起政府与各级新华书店之间的桥梁，反映新华书店的呼声与要求，加强会员间交流沟通，促进会员发展等核心目的努力工作。值此换届选举，新华书店协会在这里做第一届协会工作总结。

一、在图书市场变革的新形势下协会起到的作用

有着 70 年光荣历史的新华书店，曾一统全国图书的发行和销售。

计划经济时代，国家对市场的集中管理能力很大，因而当时的市场开放是计划性、有限度、渐进式进行的。随着统一的发行模式被打破，传统的计划经济向市场经济转变，图书发行这一单纯的窗口行业也向产业化转变，由区域封闭型体制向开放型转变。近五年，随着中国加入世贸组织，政府行为逐步弱化，市场经济体制改革逐步深化，市场的开放度也越来越高。新华书店也从单一国有资本，向以国有资本为主体的多元资本结构转变，许多省的新华书店目前已完全改变为一个股份制的发行渠道，不再是国家独资的唯一渠道。

在这种形势下，2003 年中国新华书店协会成立。随着统一的发行模式的改变，协会发挥了承上启下的作用。即使新华书店光荣历史得以延续，又适应了发行体制改革新形势。从成立开始，政府赋予协会的职责就是，进一步完善市场、制订行规行约、充分发挥行业自律、减少行政干预、发挥经济运作的能力。协会的定位就是：服务于会员，架起政府与新华书店之间的桥梁、反映新华员工的呼声与要求、发扬光大新华书店品牌、维护会员的合法权益，使全体会员在激烈的市场竞争中有组织、有依靠。协会本着这一职责及市场定位，首先起到的作用是：

1. 起到向政府积极反映新华书店在经营活动中的意见和建议，架起政府与各级新华书店之间的桥梁纽带作用

国家《中小学教材发行招投标试点实施办法》出台后，三家省级新华书店率先作为试点，后扩大为十一家，继而开始全面铺开。中小学教材统一由新华书店发行这一特殊待遇随之消失，对于有些新华书店特别是长期依赖中小学教材发行的新华书店来说，发行权的丧失，意味着难以想象的损失。

协会意识到，实行中小学教材出版发行招投标是一场巨大的变革，是新华书店面临的严峻课题。如果在制订教材招投标政策时，忽视了新华书店与教材发行之间的历史渊源与新华书店在教材发行中所作出的巨大贡献，不能正视教材发行对新华书店在改革时期的重要作用，一味地要打破新华书店对教材发行所谓的垄断、暴利，则有可能无意中摧垮新华书店这个系统。因此，协会在教材发行招投标过程中，①几次召开《新华书店中小学教材招投标工作座谈会》，一是听取各店对教材招投标工作的意见及建议，二是便于各店学习借鉴试点单位在招投标工作中的经验。

②针对有些地方招投标办公室提出非本地区新华书店是否符合"在招标地区具备有效配套的发行网络"这一条件的问题，向十一省、市中小学教材发行招投标试点领导小组办公室发出沟通函，充分陈述协会观点，使跨省投标的各省新华书店顺利投标。

③根据 2007 年三部委制定的中小学教材发行招投标实施办法和方案，针对 2008 年秋开始中小学教材发行招投标在全国范围内全面推开的情况，协会立即召开全国新华书店工作会议，听取各级新华书店对此项工作的意见及建议。根据这些意见及建议，协会向中宣部、国家发改委、新闻出版总署及教育部上报了《关于中小学教材发行竞标工作全面推开的情况反映》，《反映》中既陈述了发行招投标在全国全面推开将会产生的问题及协会的观点，也对此项工作的开展提出了协会的建议。《反映》对中小学教材发行招投标工作起到了事关重要的作用，使 2008 年中小学教材招投标在全国范围内全面推开得以延期。

2. 起到发扬光大新华书店品牌、维护会员的合法权益的作用

发扬光大新华书店品牌，对新华书店商标的使用、管理、保护和监督，维护会员对商标使用的合法权益是协会的一项重要职责。

在发扬光大新华书店品牌方面，为全面了解商标注册和品牌价值开发与利用方面的情况，协会向国家工商总局进行了相关咨询，并与中国商标专利事务所、北京北方亚事资产评估有限公司对商标注册与品牌价值开发及利用事宜进行探讨，初步形成了《商标注册与品牌开发及利用利弊分析》、《关于"新华书店"商标品牌评估工作要点》、《有关"新华书店"商标权价值评估的说明》等调研材料，为协会制定商标使用管理及维权等相关决策提供依据。2006 年 9 月，经过会长办公会研究同意新华书店服务商标抓紧申办中国"驰名商标"，经过近一年的努力，新华书店商标已于 2007 年 9 月由国家商标评审委员会认定为"驰名商标"，此举对新华书店商标的进一步拓展、维护与利用和品牌提升提供了极为重要的基础。

为全面加强对"新华书店"商标的境外保护，中国新华书店协会于 2006 年 5 月聘请中国商标专利事务所代理，在 22 个国家申请注册"新华书店"

商标。

在维权方面，发挥协会作用，为地方新华书店维权活动提供有了力支持。

《经济参考报》于 2004 年 9 月刊登了有关"新华书店教材腐败"的报道，山东《生活日报》进行了转载。该报道对山东省店的不实报道，引起了协会重视。协会就此事专门撰写文章说明事实，并与《经济参考报》进行沟通，促进该报刊登关于新华书店的正面报道。

广东珠海斗门区新华书店拟被当地政府进行拍卖，其中包括新华书店品牌，经协会与广东省协会的交涉制止了这种行为。

天津市政府为对市容环境进行整顿，要求天津市新华书店集团所属的门市部拆改店招，并按要求使用统一材质遮挡橱窗。协会就协调解决保留新华书店店招一事致函天津市政府，几经协商，使天津市政府同意天津市新华书店集团保留店招和橱窗的请求。

协会为使新华书店这一品牌在各级新华书店改制后仍保持统一视觉识别形象做了大量工作。对改制后企业名称中没有"新华书店"字样的店如何使用"新华书店"商标；各店多元化经营后所产生的附属企业如何使用"新华书店"商标；在使用"新华书店"商标的同时如何与本企业自设商标相结合等等都作出了规定，使新华书店商标在使用上形成一个唯一标准。如果没有协会做出的大量工作，新华书店这块金字招牌边缘化的进程也许会加快。

3. 为各级新华书店起到组织和依靠作用

在协会未成立之前，新华书店系统内的沟通、组织活动一直是新华书店总店在进行。总店在从管理型转变为企业经营型，从面对全国新华书店的行业管理职能转变为独立的企业经营管理的职能后的很长一段时间里，仍担负着系统内活动的牵头作用，特别是组织开展了新华书店成立 60 周年各项店庆活动、新华书店服务商标的初期注册包括新华书店协会成立筹备，等等。总店职能转变后，更多地要考虑自身的发展与经营。协会成立后，行业内的组织协调，在行业内开展各项活动是协会义不容辞的职责。在组织方面首先是在行业内组织新华书店 70 周年店庆活动。

二、举办各项店庆活动

2006 年 5 月 29 日，协会召开会长办公会，原则通过了《新华书店 70 周年店庆活动方案（草案）》；7 月 4 日，协会召开理事会讨论《方案（草案）》，使方案得以进一步完善；7 月 31 日，协会召开店庆活动联络员会议，针对之前在理事会上通过的店庆方案，向与会人员进行贯彻、部署。至此，新华书店 70 周年店庆活动拉开了序幕，并按方案安排逐项展开。

1. 双先表彰

在国家人事部、新闻出版总署两部委组织下，70 年来第一次在全国新华书店系统进行了先进集体、先进个人的表彰。各省按照两部委联合下发的评选条件和要求，做了大量艰苦细致的工作，层层选拔，评选出本省干部职工认可的优秀集体和个人。在此次评选活动中，共有 32 个省级新华书店的 65 个单位和部门获得全国新华书店系统先进集体称号，33 名个人获得全国新华书店系统劳动模范称号，2 名个人获得全国新华书店系统先进工作者称号。新闻出版总署于 2007 年 4 月 27 日在京召开了纪念新华书店创建 70 周年暨全国新华书店系统先进集体、劳动模范和先进工作者表彰大会。中央领导对新华书店成立 70 周年给予高度关心重视。李长春同志给大会发来贺信，接见了获奖代表并与代表合影。刘云山、陈至立等中央领导参加了大会。刘云山同志在会上作了重要讲话。两部委的表彰极大地鼓舞了新华员工的工作士气，提升了广大干部职工的荣誉感、责任感。领导同志的讲话为新华人下一步的出版物发行工作指明了方向、奠定的基础。

2. 庆典晚会

为突出新华精神，展现新华人风采，协会主办了店庆 70 周年庆典晚会。作为店庆重头戏之一的庆典晚会由重庆新华书店集团公司承办。他们对这台晚会给予了高度重视，投入了大量时间、人力和精力，付出了艰辛的努力。集团公司领导亲自修改剧本、布置和到场指导，审查节目，演出从方案拟制、采风、排练到成功上演历时 8 个多月，仅剧本就修改了 14 稿，并几次到新华书店发祥地延安搜集照片资料，演职人员们付出了大量的辛勤和汗水。参加新华书店 70 周年文艺演出的员工许多不是专业演员，没有表演基础。为了奉上一台精彩的演出，他们付出了超乎想象的艰苦努力。剧本反复修改，排练反反复复，有时一个动作、一个造型要做几十、上百次。但他们从不抱怨，以高度的责任感和强烈的敬业精神全心全力地投入排练。

晚会筹备期间也得到各省、市店的热切关注。各店积极为晚会提供了大量素材。在各省市店的大力支持下，在重庆新华书店集团公司干部职工艰辛的付出中，名为《新华人》的文艺晚会分别于 4 月 24 日晚和 25 日下午在重庆市劳动人民文化宫上演。晚会以情景音舞诗画的形式，通过《毛主席给咱题了词》、《欢乐鼓舞》、《我们的老家在延安》等 19 个精彩剧目，重现了新华人从艰苦创业一步步走向辉煌改革的发展之路，讴歌了新华书店、新华人，展示了新一代新华人积极进取、拼搏创新的感人风采，提高了全国新华书店的同心力、凝聚力。演出获得巨大成功并得到总署领导、协会领导、重庆市政府领导的充分肯定与赞赏。

3. 编辑出版《新华书店 70 周年纪念文集》、《新华书店 70 年纪实》

为缅怀老一辈新华人艰苦创业的光辉业绩，继承和发扬新华书店的光荣传统、弘扬新华精神，展现当今工作在发行岗位上的新一代新华人的风采，协会主持编辑了《新华书店 70 周年纪念文集》、《新华书店 70 年纪实》。两本书的编辑工作由新华书店总店承办。

《新华书店 70 周年纪念文集》分两部分。第一部分为各省（区、市）新华书店（集团）老领导、老职工从历史的角度，以各店史料为依托记述的新华书店各历史时期的典型人物、历史事件、光辉业绩的回忆文章。仅此部分的回忆文章总店就收到 260 多篇，经过编辑工作组的认真遴选、修改，文集收入了包括总店在内的 31 个省（区、市）的共 112 篇文章。

第二部分为在新华书店 70 周年征文全国评选中获得一、二、三等奖及优秀奖的获奖作品。在全国新华书店系统员工和社会读者中开展征集评选纪念征文活动也是新华书店 70 周年店庆活动的重要组成部分之一。此次活动由协会主办，四川省新华书店集团承办。至截稿日期之日承办单位收到来自 29 个省

（区、市）报上的经过初评的征文。加上截稿日期后总店陆续收到的稿件，共收到参评征文 480 多篇。对于这些稿件，承办单位按各奖项名额二倍的数量进行了初评并将初评文章报至协会，总店按各类奖项名额数量进行了认真的甄别、遴选及修改，在原订 60 篇获奖名额上又增加了 5 个优秀奖，最后报专家评委会终审。获奖作品包括社会读者文章在内共计 65 篇。

《文集》约 51 万字，由中国大百科全书出版社出版，各省共报订 2000 多册。

《新华书店 70 年纪实》一书撰稿执笔人为尹承千，以中国革命和建设事业中所发生的一系列重大事件为背景，以历代新华人艰苦卓绝的奋斗业绩为题材，经过对浩繁的文史资料的筛选整理，将新华书店的诞生、成长、发展、壮大、创新历程等集于一书，宏观、全面、系统地描述了新华书店走过的 70 周年光辉历程。它不仅可作为社会读者及青少年进行革命传统教育的读本，也可作为新华书店店史教育的专用教材。《纪实》一书近 40 万字，由三联书店出版，各省报订近 2000 册。

以上两书已发至各店。

4. 摄影书画展

在全国新华书店系统举办摄影书画展，以新华人的视角、新华人的笔墨纪录行业风貌，展示新华人风采和新华书店的文化沉淀及底蕴，也是店庆重要活动之一。此项活动由重庆新华书店集团公司承办。全国新华书店系统员工（含离退休人员）积极参展。评选开始前，承办单位共收到来自全国 28 个省市店的 634 幅作品。其中书法作品 235 幅，绘画作品 196 幅，摄影作品 203 幅。经由行业内领导、专家学者组成的评委会共评选出摄影、书法、绘画一、二、三等奖和优秀奖各 60 名。全国书市期间，在重庆国际会展中心举行的摄影书画展吸引了参加书市的同业及业外参观者的目光。此次展览展示了新华人的风采，极大地提升了新华书店在社会中的影响力。

5. "新华延安情"图书捐赠活动

继承和发扬延安精神，回报新华书店诞生地，回报老区人民，是新华人义不容辞的责任。在新华书店成立 70 周年之际，协会组织各省（区、市）新华书店向延安希望小学捐赠图书。此项活动得到全国各店的积极响应，活动结束时共收到 30 个省捐来的图书共计 100 余万码洋。此项活动由陕西省新华书店集团有限责任公司承办。他们几赴延安，在陕西省委、延安市政府的支持协助下，向延安市教育局捐赠了价值 100 万元的图书，使沟乡中心小学、李渠乡中心小学等 50 所希望小学得到捐助。

6. 店庆宣传月活动

为扩大新华书店的社会影响、回报社会、回报读者，全国新华书店系统有条件的门市均开展了为期一个月的出版物优惠销售活动及送书下乡活动。活动期间，店庆组委会统一制作了海报、吊旗、促销赠品。各店选出地段优势的门店统一展出包括人民文学出版社、商务印书馆等在内的若干家出版社的优秀图书。在 3 月 24 日、4 月 24 日两天，各省（区、市）店根据店庆组委会统一设定的广告样式，结合本省服务承诺，同一天刊登广告。形成了全国店庆覆盖效应，使新华书店同庆活动达到高潮。

7. 荣誉证书认证活动

为使一生奋斗在图书发行岗位上的老同志的功绩得以见证，同时激励新一代新华人努力做好发行工作、爱岗敬业，协会组织全国各省（区、市）店开展了对本省在职人员工作年限的认证。各店人事部门为此付出了大量的劳动，对本省及本省范围内（包括不在管辖之内的市、县店）符合条件的在岗人员进行认真的工作年限核实、统计。截至目前，协会共发出荣誉证书、证章 5—29 年 81400 个（枚）、30 年以上 15200 个（枚）、40 年以上 3200 个（枚），这些证书及证章均已在店庆日前发至职工本人。

店庆活动期间，各省（区、市）店根据全国店庆组委会的安排，均开展了本省店庆活动，制订店庆方案、落实组织机构，确定活动内容。许多省的活动内容中除全国统一的规定内容外，还结合本省实际情况制订了自选内容。这些内容包括：文艺汇演、技能竞赛、职工摄影书画展、纪念庆祝大会、老职工座谈会等。使全国新华书店的店庆活动既轰轰烈烈又各具特色。

为满足店庆活动期间各店对外宣传、交流、公关的需要，为烘托店庆气氛及满足职工收藏的需要，及时补充店庆 70 周年纪念活动经费，纪念活动组委会统一制作了一批包括纪念邮册、吉祥物、工艺礼品在内的 23 个品种的纪念礼品、宣传品。各省对活动积极响应，许多店在原订数的基础上纷纷追加订数，使此项活动得到良好的收效。

协会组织的各项店庆活动达到了突出新华书店整体形象，增强全国新华人凝聚力的效果，反映了社会主义市场经济体制下出版物发行及文化企业的鲜明特色，进一步表现出了新华书店在社会主义市场经济条件下的主导作用。如果没有协会的组织，各项活动无以开展，店庆活动的圆满完成充分体现出了协会的号召力和凝聚力，使协会在行业内产生了深远的影响。

三、协会成立的五年中开展的其他几项重要工作

1. 组织建设工作

协会秘书处按照会长办公会的要求建立起同新闻出版总署、国家民政部等业务职能管理部门的专项联系，定期汇报协会工作情况，及时取得政府主管部门对协会的指导和支持。为使协会工作在各省都能有相应机构协调与落实，协会几次发出通知并利用理事会议倡导和要求各地新华书店筹备成立各省新华书店协会，并积极进行辅导，积极与各省、自治区、直辖市新华书店或集团联系筹备成立省级协会的具体事宜。2003 年 8 月，广东省新华书店协会成立；2004 年 11 月，宁夏自治区新华书店协会成立；2005 年 7 月山东省新华书店协会成立。此外，还有许多省也开始进入协会筹备阶段。

2. 协会网站、《会刊》建设工作

为了搭建各地各级新华书店间沟通、交流、联系的平台，把政府的政策、要求以及新华书店需要反映的情况和信息实现双向交流，在新华书店总店信息中心的支持下协会于 2004 年初建立了中国新华书店协会网站。网站设立了 8 大版块、30 多个子栏目，已发布消息近 5 万多条。下发了《关于开通中国新华书店协会网站并报送各省网管员的通知》，建立了各地通讯员联络渠道，定期召开网站及会刊通信员通联及表彰会议。网站开通后，得到了全国各地新华

同仁的欢迎和支持，很多省市新华书店上网踊跃，并多次在网站中上传文章、消息，如各省店网站与协会网站连接，建立了网上直通车。一些店还把本省的所有各级书店的资料信息发布在网上，如内蒙古区店把区内所有新华书店的通讯录全部列到网上等等。网站成为联通系统的重要桥梁和让社会全面认识、了解新华书店的窗口，发挥了重要作用，大量新华书店发展、改革及取得成绩的信息从这里向社会发布。

2005 年 1 月，为使协会信息、新华书店系统信息和各省新华改革、发展状况及时交流沟通，协会委托总店信息中心在"三目报"基础上增编协会《会刊》，每月一期，每期 8—16 版。从创刊至今已编发会刊 35 期，每期发行量在 3 万份左右，在业界形成很好的影响，特别是在全国店庆期间发挥了重要作用。

3. 宣传工作

①协会成立以来在充分运用网站的同时，还向中央电视台、《人民日报》、《光明日报》、《中国青年报》、《中国新闻出版报》、《新华书目报》、《中国图书商报》、《出版发行研究》、《中国社会报》、《今日信息报》、《青年创业周刊》等众多业内及社会媒体主动提供稿件，宣传协会的职能与工作、网站的开通、会刊的发行、新华书店的发展历史及社会贡献，以及在中国图书市场中的重要作用。同时我们还把出版、发行、民政系统等有关部门的最新动态发布在协会网站上，起到了介绍协会、宣传协会和扩大协会社会影响的关键作用。许多关心书店的读者在看到报道后当时就打开网站浏览，进行友情链接。

②完成几个年度的《中国出版年鉴》约稿，对行业内及协会的重要活动进行宣传。

③通过省店报刊收集交流信息，为协会了解基层情况提供宝贵的资料。如山东、山西、广东、广西、河北、河南、湖北、湖南、辽宁、北京、上海、天津、重庆等 10 多个省及地市级书店把自办的报刊定期寄至协会，对协会全面了解情况有很大帮助。

4. 开展专项活动情况

①专项学习、研讨和培训是协会服务会员、提高系统素质、增强业务技能

的具体方式。几年来，协会在此方面每年均组织若干专向活动，满足新华书店不同需求，如：召开"全国新华书店财务工作会议"；召开"全国新华书店办公室主任及网管员工作会议"；为提高新华书店人员业务水平，把握国家政府政策方面，促进新华书店改革，协会组织开展专项研讨，每年均举办具有针对性的专业培训、研修班等。比如《公司法》培训、新会计准则与新税制改革研修班、大型卖场营销专修、办公室人员培训和新《劳动合同法》解读与新华书店企业劳动用工专题研修班。召开了新华书店教材竞标情况交流会、全国省级新华书店总经理会、物流建设研讨及上市推进研讨等一系列活动，取得了较好的反响与效果。

②为新华书店系统配合改制、竞标和规范服务等工作，从 2005 年始，协会委托北京大成新华公司在新华书店系统开展了 ISO9000 质量认证工作。目前已有江苏、广西、河南、山东、宁夏、海南、吉林、湖南和山西等省份已进行上述工作，2007 年初协会召开了质量认证工作总结会，为推动这一工作的开展发挥引导促进作用，对新华书店加强内部管理、提高服务水平有很大帮助，在全国新华书店系统引起很大影响并取得了较明显的成就。

③开展了全国性的面向社会及新华书店的"新华情"征文活动。本次活动由中国新华书店协会和新华书店总店共同主办，《中国青年报》协办。从 2004 年 8 月底到 11 月底开展近三个月时间，这项活动不仅在行业内部引起了强烈的反映，也受到了社会各界广泛关注，征文活动收到来自新华书店系统和社会的稿件共计 1000 多篇。征文活动结束后，我们首先确定了"新华情"征文评委会成员，并颁发了聘书，然后组织专人整理各地寄来的稿件。以省为单位分别进行汇总，并邀请清华大学老师进行初评。如期把获奖信息及获奖证书、奖金发到每位获奖人手中，影响广泛。

5. 配合主管部门提供调研

协会为新闻出版总署发行司起草的《关于新华书店实行股份制改造过程中有关问题的意见》提供建议，对各地新华书店在改制中商标使用问题和享用国家优惠政策方面提出建议并被发行司采纳。同年参与总署发行司交办的

《全国新华书店星级门店评比办法》资料调研和分赴外地的调研活动。

6. 在全系统组织开展向地震灾区新华书店捐款活动

汶川地震发生的第二天，协会首先向四川新华发行集团有限公司发出慰问信，并联系到四川新华发行集团有限公司，了解到灾区新华书店的震情。在得知北川县、汶川县、青川县新华书店的严重灾情后，5月16日，协会向全国新华书店发出捐款倡议：伸出温暖的双手，尽我们全部之所能，献上一份爱心。协会将倡议书以特快专递的方式发到各省（区、市）新华书店（集团），并将倡议书在协会网站上发布。

为了最快捷地将捐款送达灾区新华书店，协会与四川新华发行集团商议，各级新华书店的善款直接汇至四川新华发行集团公司，由公司统筹安排，专款专用。

截至7月31日的统计数据是：

省市级新华书店（集团）捐款的有23家。

因倡议书在协会网站上发布，所以得到社会各界的响应，因此，捐款的还有：出版社捐款的有6家，以个人名义捐款的有37人，民营企业捐款的有4家。

捐款中还有兄弟协会及各省新闻出版局等单位，还有中国人保成都高新支公司。

截至目前，四川新华发行集团共收到捐款2657471.137元。这些款项已全部拨往灾区新华书店，并由审计机构做了专项审计，审计报告由四川新华发行集团公司与四川新华文轩连锁股份有限公司联合成立的抗震救灾领导小组副组长、四川新华发行集团总裁戴川平签字。

这次捐款活动体现出了新华人精诚团结和关爱互助的精神，四川新华发行集团、四川新华文轩抗震救灾联合领导小组特向协会并通过协会转达对新华书店各界同仁的感谢。

这次捐款活动的圆满结束，证明协会在紧要关头，能团结全体会员，担负起自己的使命，起到了协会应有的作用。协会组织的这次捐款活动得到新闻出版总署的重视，在总署主管的十几个协会中，中国新华书店协会是唯一一个组织捐款活动的协会。按照总署要求，协会已上报捐款活动情况。

四、五年来协会工作的不足

第一，行业自律如何切实落到实处，还有大量工作要做；第二，协会服务职能发挥不够到位，不够深入；第三，协会整体工作的计划性还比较欠缺；第四，协会网站及会刊的作用还可以发挥得更多一些；第五，会员之间的交流沟通形式还可以更加丰富多彩一些；第六，会员维权工作及"新华书店"商标使用管理力度还需要进一步加强。

五、五年来协会工作的体会及经验

1. 做好协会工作与上级主管机关的重视和支持是分不开的

协会自成立起一直得到新闻出版总署的关心和支持，特别是在新华书店70周年店庆活动中，在国家人事部、新闻出版总署两部委组织下，70年来第一次在全国新华书店系统进行了先进集体、先进个人的表彰。总署人教司、发行司在百忙之中会同国家人事部共同制定并联合下发双先评选条件和要求，使32个省级新华书店的65个单位和部门获得全国新华书店系统先进集体称号，33名个人获得全国新华书店系统劳动模范称号，2名个人获得全国新华书店系统先进工作者称号。新闻出版总署于2007年4月27日在京召开了纪念新华书店创建70周年暨全国新华书店系统先进集体、劳动模范和先进工作者表彰大会。李长春同志给大会发来贺信并接见了获奖代表与代表合影。刘云山、陈至立等中央领导参加大会。刘云山同志作重要讲话。如果没有总署的支持，仅靠协会的力量是很难取得这样的成果的。

五年来，协会开展的许多工作中都得到总署的关心和支持，协会主持召开的会议，总署发行司和人教司经常莅临指导。协会换届工作更是得到总署的关怀，发行司、人教司的领导均参加到协会换届筹备领导小组中，总署已将协会换届工作列入总署今年要完成的重点工作计划中。

2. 各级新华书店的支持是协会活动顺利开展的有力保证

协会组织的各项活动均得到各级新华书店的支持和响应。没有你们的支持响应，协会工作将不得开展。协会目前专职工作人员有限，特别是 70 周年店庆，没有各级新华书店的支持，大量的工作是无法完成的。特别是得到了重庆新华发行集团、陕西新华发行集团、四川新华文轩、新华书店总店等的大力支持，在这里协会特向你们表示感谢。还请各店对协会今后的工作给予大力配合与支持。

新华书店协会的会员个数是民政部管辖的各协会中会员最多的一个协会。应该说国有新华书店系统凡是使用新华书店品牌（店招）的各店，均为中国新华书店协会会员。确切地说全国 11000 多个发行网点均为协会的会员单位。据新闻出版总署计划财务司主编的《中国新闻出版统计资料汇编》的统计数据：

2006 年全国共有出版物发行网点 159706 处，其中国有书店和国有发行网点 11041 处，供销社发行网点 2431 处，出版社自办发行网点 561 处，文化、教育、广电、邮政系统发行网点 29883 处，二级民营批发网点 5137 处，集个体零售网点 110562 处。

2006 年全国出版物发行从业人员 72.22 万人，其中国有书店和国有发行网点从业人员 14.28 万人，供销社售书点从业人员 0.41 万人，出版社自办售书网点从业人员 0.67 万人，文化、教育、广电、邮政系统发行从业人员 7.23 万人，二级民营批发点从业人员 6.23 万人，集个体零售网点从业人员 42.38 万人。

2006 年全国出版物发行总销售金额为 1290.09 亿元，其中新华书店系统销售 772.51 亿元。

数据比较：新华书店的网点占到总网点数的 6.9%，邮政系统发行网点占到总网点的 18.7%，集个体零售网点占到总网点的 69.2%；新华书店的从业人员占到总从业人员的 19.8%，邮政系统发行从业人员占总从业人员的 10%，集个体零售网点从业人员占总从业人员的 58.7%；新华书店系统销售占总销售的 60%。

从这些统计数据中可以看出，在图书市场格局的大分化中，在激烈的图书市场竞争中，新华书店系统 6.9% 的网点、19.8% 的从业人员却占有 60% 的发行份额。这说明，国有新华书店虽然仍是图书销售的主力军，新华书店有着不可替代的作用。

新华书店不仅在图书销售上是主力军，更担负着政府赋予的图书网点建设的使命。新华书店只有 1 万多个售书点，每 4 万农村人口才摊到一个售书点。虽然出现了大量的集个体书店书摊，但它们无法有效地与国营书店的发行系统相融合。目前农家书屋工程已成为国家文化工程，成为新闻出版部门服务社会主义新农村建设的一个重要项目。2008 年工程要全面推开，为此中央财政和各级地方财政今年将投入 10 多亿元资金，计划建成 6 万家书屋，使更多的农民受益。各级新华书店认识到，建设"农家书屋"是为农民办实事、办好事，当地农民十分欢迎；新华书店全力以赴支持"农家书屋"建设。江苏省新华书店集团在农家书屋建设上作出了典范，仅以如东县新华书店为例，他们为"农家书屋"捐送书橱、电视机、电脑、办公桌椅等价值 14.8 万元，捐赠图书 11.4 万册，码洋达 70.9 万元，为省、市、县培训"农家书屋"管理员 450 多人次。"农家书屋"工程是社会主义新农村文化建设重要举措，如东县新华书店根据省委、省政府实施"农家书屋"工程建设的部署和要求，积极主动与当地新闻出版部门密切配合，参与"农家书屋"工程的建设。深入到镇、村广泛听取和征求意见，从场地、面积、环境、制度、管理、人员等方面为新闻出版部门提供一手资料，为政府决策提供依据；为全县 113 家"农家书屋"踩点、设备安装、出版物配置、登记造册、图书分类、陈列布置、管理制度等提供了全方位的无偿服务，并提出了"农家书屋"、"建、管、用"的建议意见。目前，如东县每个"农家书屋"藏书已达 1500 册以上，有 30% 以上已达到 3000 册，出版物利用率达到 40% 以上。全县农村人均年购书水平达到 63.85 元，创历史最高水平。如东县新华书店为"农家书屋"付出了艰辛的努力，得到了当地政府和广大农民的认可。

目前，江苏已建成农家书屋 5627 个，总量位居全国第一，解决了不少农民"买书难、看书难、用书难"的问题。

新华书店将继续延续其光荣使命，在图书发行新的市场格局中求生存求发展。新华书店协会也将在品牌维护与创新上注重从发扬传统、弘扬新华精神出发，把所有工作立脚点放在全国出版发行大局的高度和维护国有发行渠道、规范市场、繁荣市场，强化新华书店的引导示范作用上，为促进社会主义文化大繁荣、大发展努力实践。按照主管部门要求和会员需求积极工作，在发扬新华精神和促进新华发展上发挥重大作用。

希望全国新华人继续支持中国新华书店协会的工作。我们坚信，在协会各位领导、全体理事、常务理事和广大会员的共同努力下，协会一定能够克服困难，精诚合作，将新一届协会工作做得更好。

2009 年工作总结

一、召开协会换届大会

协会自 2003 年成立，2007 年组织全国新华书店 70 周年店庆活动，协会换届工作于 2008 年开始筹备。经过半年的筹备工作，经新闻出版总署及民政部批准备案，中国新华书店协会于 2009 年 1 月 6 日在北京召开了中国新华书店协会第二届全国会员代表大会。共有来自于 31 个省（自治区、直辖区）的 176 名代表出席。新闻出版总署阎晓宏副署长出席会议并作出重要讲话。中宣部出版局等领导到会祝贺。

大会做了《第一届协会工作报告》、《第一届协会财务审议报告》、《新华书店 70 周年纪念活动财务审计报告》、《中国新华书店协会章程（修订草案）》的说明和《第二届协会会员会费收取办法》的说明。

会议举手表决通过了《第二届协会会员会费收取办法》，表决通过了协会第二届理事会理事单位名单。会议召开了第二届协会第一次理事会，理事会产生了第二届理事会常务理事并向大会推荐了新一届会长、副会长和秘书长候选人名单。

会议共产生理事 71 名，常务理事 35 名。经大会投票选举产生会长一名、副会长十二名、秘书长一名。

二、配合上级主管单位开展的工作

1. 农家书屋建设工作

协会为能较全面地调查了解各地农村发行网点和农家书屋的建设发展情况，根据新闻出版总署的有关具体要求，对"农村图书发行网点及农家书屋建设发展情况"进行调研，并将调研中的问题、建议向总署作了专题汇报。协会于 2009 年 10 月召开了"农家书屋"建设研讨会。研讨会主要围绕新华书店在"农家书屋"出版物采购配送竞标中的做法和经验进行了研讨。

2. 评选中国百名优秀出版企业家工作

根据新闻出版总署《关于评选中国百名优秀出版企业家的通知》精神，协会在系统内评选出 10 名候选人，报总署人教司。经协会推荐，总署评选，10 人中有 6 人当选"中国百名优秀出版企业家"。

三、召开新华书店协会理事会及发展战略研讨会

为贯彻新闻出版总署《关于深化出版发行体制改革工作实施方案》，协会于 2009 年 5 月召开"新华书店发展战略研讨会"。总署发行司有关领导参加了会议。

四、召开全国新华书店首届市场经营战略经理论坛

为探讨新华书店市场经营战略的发展之路，协会于 2009 年 7 月召开了"全国新华书店首届市场经营战略经理论坛"。共同探讨和研究出版发行体制改革趋势以及新华书店市场经营战略的发展之路。

五、配合建国六十周年举办庆祝活动

1. 优秀出版物联合展销活动

本次活动时间跨度为一个半月，从 9 月中旬至 10 月底。新华书店系统掀起了建国六十周年优秀出版物联合展销的热潮。活动期间，各地新华书店还通过开展送书活动等形式向读者展示新华书店与祖国共同成长发展的历程。活动期间有 40 多家出版社参与了展销。

2. 举办新华人征文摄影大赛

本次活动的宗旨是通过文字或镜头记录、见证、展示新华人的风采，抒发浓烈的爱国情怀。本次活动历时半年，评委会共收到了来自 30 个省（区、市）新华书店的新华人征文数百篇、摄影作品千余幅。大赛评委会于 2009 年 12 月评出各项奖项。

六、网站及《会刊》建设工作

2009 年《中国新华书店协会会刊》共出版 12 期，240 个版面，共完成报道约 45 万字。

七、各项专项活动

1. 举办各类培训

协会举办了三期"新华书店系统财务管理及企业税务规划理论与实务研修班"，有 210 名新华书店财务主管及财会人员参加了学习。学员反映，通过学习及时了解了最新税制改革动态，熟悉了最新财税政策，提高了工作能力。

2. 参加上级单位召开的会议

参加新闻出版总署召开的反腐倡廉会议、社团学习会议、学习民政部有关文件的会议及各种专项工作会议。

一年来工作中的不足是，第一，协会服务职能发挥得还不够到位和深入；第二，协会整体工作的计划性还比较欠缺；第三，会员维权工作及"新华书店"商标使用管理力度还需要进一步加强；第四，会刊和网站还需进一步发展。

2010 年工作总结

一、成立全国新华书店跨地区协作网

为将全国各省（区、市）新华书店的信息平台、卖场平台、物流平台以及服务支持平台等有机地链接起来，充分发挥全国新华书店的品牌优势、渠道

优势、卖场优势和网络优势，为传统发行业寻求新的经营模式与赢利商机，加快实现经济发展方式的转变，2010 年 6 月，全国新华书店跨地区协作网（简称"一网通"）正式立项。

"一网通"项目得到了中宣部和新闻出版总署的高度肯定和全力支持，并将该项目列入中宣部"十二五"规划中新闻出版发展的重点项目及新闻出版总署"十二五"发展项目库。

中国新华书店"一网通"是由中国新华书店协会发起，由全体理事单位共同参与的全国性项目。通过信息互通、渠道连接、资源共享，实现"新华书店"整体实力的提升，扩大"新华书店"品牌的影响力和品牌价值。

中国新华书店"一网通"项目包含卖场、信息、物流三个子项目。其中，卖场平台建设由上海新华发行集团承担，已经正式上线实施运营；信息平台建设由浙江省新华书店集团公司承担，已经正式启动，开始研发运行，将利用新华书店现有的资源，及时建立信息交换规则、物流协作经营规则、交易资金结算规则，采用统一的信息交换标准，完成新华书店"一网通"平台的信息数据交换与共享；物流平台建设由江西新华发行集团公司承担，正处在组织项目论证初步实施阶段，重点将加快跨区域联网合作，有效地拓展第三方物流服务。

半年来"一网通"的三个子项目工程正在迅速顺利进行。

为使"一网通"工作快速进入经营轨道并保持长久发展势头，协会正在筹备建立全国性新华书店参股的"一网通"实体公司，公司将按现代企业制度建立，并吸引部分业外、国外资本加入，经过快速发展尽快上市，使"一网通"项目能够更长久稳健地成长。

二、配合上级主管单位开展农家书屋建设工作

积极关注并支持全国新华书店系统在农家书屋方面加强工作，通过编发简报、介绍经验等方式，推动新华书店参与农家书屋的工作积极性，并想方设法与新华书店农村发行网点建设连接起来，此项工作在政府的推动下、在协会的推介中正有序进行。目前，全国新华书店全部参与了这项工作并作出一定

成绩。

三、召开各类会议

1. 召开"2010"中国新华书店发展论坛

为研究我国图书发行业未来发展趋势，探讨新华书店竞争和协调发展之路，"2010 中国新华书店发展论坛"于 1 月 7 日在京举行。

本次论坛由中国新华书店协会主办，特邀协会成员单位、出版社、图书发行市场研究机构参与。论坛以树立创新意识，促进行业交流，把脉市场走向，探索在新的市场环境中社店合作新模式为主题，对图书发行市场发展做了重要研究与探讨。

中国新华书店协会会长、副会长和来自全国二十余家省级新华书店（集团）及各地新华书店的领导 70 余人参加了会议。江苏新华发行集团总经理周斌作了演讲，题目是："新华书店集团化发展竞争战略"。四川新华文轩连锁股份有限公司副总经理陈大利演讲，题目："新华书店大型集团如何博弈馆配市场"。北京新华中企技术公司总经理曹仁杰演讲，题目："集中优势资源加速创新发展"。中国出版科学研究所张晓斌演讲，题目："科学评价发行市场策略"。中国民主与法制出版社发行总监刘明清演讲，题目："社店合作模式新探索"。

2. 召开中国新华书店协会常务理事单位办公室主任会暨协会《会刊》网站通联会

为进一步促进协会发展，更好地开展协会各项工作，配合全国新华书店"一网通"工程的顺利开展，中国新华书店协会于 2010 年 8 月 28 日在甘肃兰州召开协会常务理事单位办公室主任会暨协会会刊网站通联会。有 20 余省市新华书店办公室主任、会刊网站特约记者和通讯员代表参加了会议。

协会秘书长张雅山介绍了新华书店跨地区协作网的构思、启动和运行情况，要求各办公室主任积极配合各单位主管"一网通"工程领导做好各项工作。会议发布了《中国新华书店协会会刊及网站通联站管理办法》，征集了代表们对通联站各项工作的建议和意见，探讨了会刊及网站第二个五年发展规划，为 2011—2012 年特约记者、通讯员代表颁发了聘书，对 2008—2009 年度优秀通联站，优秀特约记者、通讯员进行了表彰奖励。

四、在全系统组织开展向青海省玉树州新华书店捐款活动

4 月 14 日青海省玉树藏族自治州玉树县发生了 7.1 级特大地震，灾情十分惨重，灾区人民的生产生活面临着严重的困难。青海省新华发行集团有限公司下属的玉树州新华书店受灾严重。由于玉树州府所在地结古镇地处青藏高原腹地，海拔在 3700 米以上，昼夜温差很大，夜间气温很低，水电暂时不通，书店人员十分缺乏食品、帐篷和御寒物资。同时，玉树州新华书店营业楼遭受严重破坏，地基整体偏移、下陷、倾斜，墙体多处开裂，裂缝最宽处达 25 厘米，已无法继续使用。

4 月 20 日协会再次向青海省新华发行集团公司了解灾区新华书店灾情，立即向全国各省（自治区、直辖市）新华书店（集团）发出了《关于向青海省玉树州新华书店捐款的倡议书》，并在协会网站公布了《倡议书》及《玉树州新华书店抗震救灾情况通报》。

协会此次向灾区捐款活动方式与向四川汶川捐款方式相同。为了最快捷地将捐款送达灾区新华书店，各店捐款统一汇至青海省新华发行集团公司专设账户，由集团公司统筹安排，专款专用。同时协会及时将全国各店的捐款情况在网站上公布。

捐款活动从开始至结束，共募集捐款 140 多万元，目前青海省新华发行集团公司正在对全部捐款做专项审计，并将列出款项用途清单向各省（自治区、直辖市）新华书店（集团）进行通报。

五、网站及《会刊》建设工作

2010 年中国新华书店协会《会刊》和网站作为专业媒体继续在行业中发挥了应有的作用。《会刊》、网站不忘服务新华书店的光荣使命，积极配合协会工作，圆满完成各项报道任务。同时，《会刊》和网站以关注出版发行事业为契机，着重报道新华大事小情、透视行业热点问题，在探索新形势下新华书店发展战略方面，以媒体特有的形式进行了积极的探索与开拓。

2010 年《会刊》共出版 11 期（春节停刊一期），112 个版，发表文字 45 万字。《会刊》不仅对新华系统的各项活动进行了报道和宣传，还主动出击，策划了一系列的话题组织行业讨论，为书店各项活动的发展提供了有益借鉴。2010 年相继组织实施了图书排行榜、抗震救灾、多元化经营、教材教辅发行、跨地区发展、员工培训等系列报道，做到了贴近市场、把握脉搏、收效良好，进一步扩大了会刊的影响。

网站加大了对协会网站的关注力度，对网站栏目设置进行了调整和更新，并积极寻求与各地新华书店（发行集团）的互动，从内容、形式到推广的各项工作都有了一定进步。

六、与兄弟协会合作开展活动

1. 以"创新与转型中的多元合作"为主题的"2010 全国大中专教材公共论坛"9 月 16 日在京举行。本届论坛由中国出版工作者协会、中国新华书店协会主办，《全国大中专教学用书汇编》编委会承办。科学出版社、机械工业出版社、电子工业出版社、北京大学医学出版社、浙江大学出版社、广东新华发行集团股份有限公司、重庆大学出版社高校图书代办站等 60 余家出版社、发行单位的百余位代表参会。中国新华书店协会会长、中国出版集团公司副总裁王俊国在致辞中表示：今年中国新华书店协会第一次作为全国大中专教材公共论坛主办单位之一参与其中，这既是我们的荣幸，同时也是新华书店协会社会责任的体现。新华书店作为党和国家的重要宣传阵地和科学文化传播的渠道，最早地承担起了大中专教材的发行任务，与教材的出版单位和大专院校建立了非常密切的合作关系，具有良好的传统。在多年的实践当中，新华书店也积累了丰富的经验，并取得了一套行之有效的工作方法。无论是对大中专教材的出版单位还是对发行单位来说，教材首先是一项政治任务，这一点我们任何时候都不能改变。当前，学生对教材的要求更高了，教育改革对教材的改革要求也更高了，教材多元化的局面进一步凸显出来。

2. 与版协发协共同制订《图书公平交易规则》

2010 年 1 月协会同版协、发协一起在北京图书订货会上联合发布了《图书公平交易规则》，针对市场的混乱现象和新书乱打折的行为作出了规范，这是三个协会首次联合发布行业规则，但由于《反垄断法》于 2009 年正式生效，此规则受到了国家发改委的调查，经过三个协会的说明解释及本协会对文件的多次修改，最终获得发改委认可，规则也于 2010 年 10 月正式发布。

七、各项专项活动

1. 举办培训

遵照新人教〔2010〕49 号文件《关于印发 2010 年新闻出版专项业务培训计划的通知》，批准举办新华书店企业内部财务预算管理培训班，中国新华书店协会于 2010 年 4 月中旬对全国新华书店近 50 名财务管理人员进行了为期两天的培训。

2010 年是我国加快转变经济发展方式和管理创新转变的关键一年，为帮助新华书店系统财务人员及时了解最新的税收改革动态和财务规定，规范财务行为，做好企业财务管理工作，全面提高财务管理水平与能力，协会本着为会员服务的目的，组织举办了新华书店企业内部财务预算管理培训班。

此次培训班协会严格按照总署的相关要求，以高层次、高技术人才为重点统筹，抓好各类财务人才队伍建设，同时为会员服务好，结合各地新华书店的要求，为学员详细讲解了在新形势下财务所面对的难点疑点问题，并对此问题进行探讨。聘请的讲师还根据新华书店系统在上市、实行股份制改造、跨地区经营等方面取得不同成果的发行集团所面临的不同的财务问题进行针对性交流，为今后具体工作中找出更好的应对策略及措施。

学员反映，此次培训受益匪浅，通过学习及时了解了最新税制改革动态，熟悉了最新财税政策，全面提高财务管理能力，为日后的工作提供很大方便。并希望协会每年都举办一次这样的培训。

2. 参加上级单位召开的会议

年内协会秘书处紧密与政府主管机关总署的联系与汇报，积极参加总署召开的各项会议，比如反腐倡廉治理小金库会议，社团学习会议，学习民政部有关文件的会议及各种专项工作会议。协会在历次会议中积极向总署汇报工作、反映问题、争取支持和帮助，并按时完成了总署布置的各项任务。

回顾协会一年来的工作，在成绩中也还有些许不足。如，第一，协会服务职能发挥得还不够到位，不够深入；第二，协会整体工作的计划性还比较欠缺；第三，会员维权工作及"新华书店"商标使用管理力度还需要进一步加强；第四，《会刊》和网站功能单一，行业认知度不高。事实上协会《会刊》和网站的发展空间绝不仅仅局限于此，应该有着更加丰富和广阔的天地。下一步，协会将进一步利用好《会刊》和网站这样一个舆论基地，充分发挥其媒体推广优势，将《会刊》和网站进行有目的有针对性的打造，真正成为"新华人的精神家园"、"图书发行行业的媒体重镇"。

2010 年是协会换届后工作的第二年，在以后的工作中我们坚信，在上级单位的指导下，在协会全体理事、常务理事和广大会员单位的共同努力下，协会一定能够将新一届协会工作做得更好。

2011 年工作总结

一、召开协会 2011 年度理事会

2011 年 5 月 13 日，协会在辽宁沈阳召开 2011 年度协会理事会，参会理事共计 70 余人。会议通报了协会 2011 年的工作计划和 2010 年工作总结；通报了全国新华书店"一网通"工作的进展情况；通报了关于成立新华书店协会企业形象推广中心及进行新华书店标识完善和推广工作；通报了为建党 90 周年纪念拟进行的征文摄影比赛和开展配合建党 90 周年的卖场宣传活动；通报了 2010 年全国新华书店向青海玉树新华书店进行地震捐款活动的审计情况及通报了 2010 年度会员会费收取情况等等工作。会议一致通过了协会的总结与计划，通过了会议讨论的各项议题。

二、全面推进全国新华书店"一网通"项目的深入开展

在 2010 年 5 月全国新华书店"一网通"项目正式启动后，"一网通"的

三个子项目即：上海新华发行集团承担的市场信息整合平台、浙江省新华书店集团承担的出版数据统一录制平台和江西新华发行集团承担的第三方物流协作平台启动后，为使"一网通"工作尽快加以整合推动，协会正式将已纳入中宣部、新闻出版总署"十二五"规划的"一网通"项目具体化操作方案及组建"一网通"公司的专题报告向总署递交。总署对此予以高度重视，并由产业发展司与发行司联合对此项目予以关注和支持。"一网通"项目公司化运作的方案一旦推进，将使新华书店系统的全面合作和互补再上新台阶，新华书店的资源共享也将得以实现。此项工作正在积极推进过程中。

三、配合上级主管单位开展农家书屋建设工作

积极关注并加强全国新华书店系统在农家书屋建设方面的工作，通过编发简报、介绍经验等方式，推动新华书店参与农家书屋的工作积极性，同时对浙江新华推广的乡镇新华书店小连锁模式给予全面介绍和推广。把农家书屋工程与新华书店农村发行网点建设连接起来，此项工作在政府的推动下、在协会的推介中有序进行。目前全国新华书店全部参与了农村书屋的持续建设，并作出一定成绩。

四、召开各项专题会议推进新华书店的跨省联合

为研究我国图书发行业未来发展趋势，探讨新华书店竞争和协调发展之路，协会积极参与同业及省内新华书店举办的各项工作会议。

1. 2011 年 7 月，由内蒙古新华书店集团主持召开的新华书店跨地区合作发展研讨会在海拉尔召开。来自全国近十个省级集团的负责人参加了会议，会议针对内蒙古新华集团与辽宁新华书店合作经验介绍倡导新华书店省级店的相关协作和跨区发展，使新华书店品牌优势充分发挥，业务进一步拓展，经营规模与实力大步提升。

2. 召开中国新华书店协会常务理事单位办公室主任会暨协会《会刊》网站通联会

为进一步促进协会发展，更好地开展协会各项工作，同时配合全国新华书店业务技能比赛的工作推广和全国新华书店"一网通"工程的顺利开展，中国新华书店协会于 2011 年 9 月 20 日在陕西西安召开协会常务理事单位办公室主任会暨协会《会刊》网站通联会。有 25 个省市新华书店近 50 名办公室主任、《会刊》网站特约记者和通讯员代表参加了会议。

协会秘书长张雅山介绍了全国新华书店业务技能大赛在建店 75 周年之际展开的意义及具体安排。同时也对工作的进一步推动在时间及步骤上具体明确。对新华书店跨地区协作网的构思、启动和运行情况也做了全面介绍，要求各办公室主任做好各项工作。会议发布了《中国新华书店协会会刊及网站通联站管理办法》，征集了代表们对通联站各项工作的建议和意见，探讨了《会刊》及网站第二个五年发展规划，为 2011—2012 年特约记者、通讯员代表颁发了聘书，对 2010—2011 年度优秀通联站，优秀特约记者、通讯员进行了表彰奖励。

3. 召开全国新华书店业务技能大赛比赛项目及比赛项目细则审定会

2011 年 10 月初，协会为做好全国新华书店业务技能大赛的活动，在新闻出版总署批准并由发行司共同参与的基础上，向全国新华书店发出在新华书店成立 75 周年之际，举办全国新华书店业务技能大赛的通知和大赛组织机构以及活动方案。通知在全国引起积极响应，各省新华书店都投入到活动准备之中。2011 年 12 月中旬，在大赛组委会办公室牵头组织下，召集四川、江苏、浙江、山西、黑龙江五个省新华书店集团人员参与的项目及比赛细则审定会，对比赛的程序项目报名要求、参赛日期和裁判标准认真讨论，形成《大赛比赛秩序和比赛细则》，并于 2011 年 12 月中旬向全国下发。拉开了全国新华书店业务技能大赛的序幕。《细则》发出后，各地都进行了相应准备和安排，协会《会刊》及网站也设有专栏，进行跟踪报道宣传，整个活动有序开展。

五、网站及《会刊》建设工作

2011 年中国新华书店协会《会刊》和网站作为协会媒体平台继续在行业中发挥了应有的作用。《会刊》、网站不忘服务新华书店的光荣使命，积极配合协会工作，圆满完成各项报道任务。同时，《会刊》和网站以关注出版发行事业为重点，着重报道新华大事小情、透视行业热点问题，在探索新形势下新华书店发展战略方面，以媒体特有的形式进行了积极的探索与开拓。

2011 年《会刊》共出版 12 期，180 个版，发表文字 50 万字。《会刊》不仅对新华系统的各项活动进行了报道和宣传，还主动出击，策划了一系列的话题组织行业讨论，为书店各项活动的发展提供了有益借鉴。2011 年相继组织实施了图书排行榜、征文比赛专拦、多元化经营、教材教辅发行、跨地区发展、基层门店经营、员工培训等系列报道，做到了贴近市场、把握脉搏、收效良好，进一步扩大了《会刊》的影响。

网站加大了对协会网站的关注力度，对网站栏目设置进行了调整和更新，并积极寻求与各地新华书店（发行集团）的互动，从内容、形式到推广，各项工作都有了一定进步。

六、积极与国家发改委沟通，联合业内协会推动《图书限价销售豁免规定》的文件出台

2011 年 12 月初，国家发改委价格司与协会联系，就市场中图书价格问题引发的系列情况进行了解，我会联合版协、发协一起共同参与，帮助发改委出台的《图书限价销售豁免规定》完成初稿。秘书处联合版协、发协共同与发改委进行调研座谈，并将此事向新闻出版总署发行司及阎晓宏副署长做专题汇报，为此项工作的进一步落实发挥作用。

七、召开新华书店物流协作网开通研讨会及服务热线正式启用

2011 年 10 月 18 日，来自全国 20 余省级新华书店集团的负责人齐聚深圳，参加新华书店物流协会网开通研讨会及在深举办的物流博览会。此次会议由物流"一网通"项目承办店江西省新华书店和深圳亦合物流供应咨询公司共同组织，同时在物博会上专设新华书店第三方物流展台，正式启动了新华书店从企业物流向物流企业转移。会议中，协会会长王俊国向媒体介绍，新华书店"一网通"工作已启动的物流协作网是其中的一部分，此次物流协作网开通并向社会启动热线电话，说明新华书店已经把物流业务作为专业服务内容之一。我们的物流业务内容和形式将会越来越多，以市场需求为准，发挥新华书店的资源与设施优势，把新的业务增长和利润点发展好。

八、召开新华书店信息平台审定评估会

2011年12月16日，按照全国新华书店"一网通"工程的发展目标，为使全国新华书店系统信息平台成为行业上、中、下游以及读者共享的信息资源平台，为政府决策及门店管理提供好的服务，协会委托深圳专业公司开发设计的"新华书店信息平台"的审定评估会在京召开。新闻出版总署科技司、国家标准化管理委员会和协会的领导及行业专家等19人参加了会议。此项工作是全国新华"一网通"工作的一部分，已进行了两年多的调研，走访调研了19个省级新华书店集团和7家大型出版社和新华书店批发商、零售卖场及物流部门的各层需求，此平台的推广开通将对业内的信息孤岛现象和资源共享都有切实的解决方案，评估会对平台提出了很多好的建议和改进意见，对平台的完善和可控性都有很好的帮助，也为下一步的工作奠定了重要基础。

九、举办新华书店第一店招揭牌仪式及新华精神传承老同志座谈会

2011年11月初，协会在云南丽江举办了新华书店第一店招牌暨继承传统与时俱进老同志座谈会。云南丽江市新华书店现保存有一块1950年3月开店时使用的新华书店店招，是目前国内仅有的且唯一仍在使用的。该店招牌历经61年，颜色不改，意义深远。协会在建党90周年之际通过对丽江市新华书店店招牌的授牌仪式纪念建党90周年。同时为使新华精神永存，在此时一并举办了新华老同志发扬传统、与时俱进座谈会。到会人员40余人，均来自全国17个省市新华书店，座谈会非常成功，丽江市副市长杨一奔同志到会祝贺并做了感人至深的讲话。此次活动对全国新华书店影响巨大，特别是许多老同志深感新华书店发展到今天，书店没有忘记他们的贡献，协会没有忘记他们的辛劳。

十、各项专项活动

1. 举办培训

根据新闻出版总署对协会培训计划的核准，批准举办新华书店企业内部财务预算管理培训班，中国新华书店协会于2011年4月中旬对全国新华书店近50名财务管理人员进行了为期两天的培训。

2011年是我国加快转变经济发展方式和管理创新转变的关键一年，为帮助新华书店系统财务人员及时了解最新的税收改革动态和财务规定，规范财务行为，做好企业财务管理工作，全面提高财务管理水平与能力，协会本着为会员服务的目的，组织举办了新华书店企业内部财务预算管理培训班。

此次培训班协会严格按照总署的相关要求，以高层次、高技术人才为重点统筹，抓好各类财务人才队伍建设，为会员服务好，结合各地新华书店的要求，为学员详细讲解了在新形势下财务所面对的难点疑点问题，并对此问题进行探讨。聘请的讲师还根据新华书店系统在上市、实行股份制改造、跨地区经营等方面取得不同成果的发行集团所面临的不同的财务问题进行针对性交流，为今后具体工作中找出更好的应对策略及措施。

2. 参加上级单位召开的会议

年内协会秘书处紧密与政府主管机关新闻出版总署的联系与汇报，积极参加总署召开的各项会议，比如反腐倡廉治理小金库会议、社团学习会议、学习民政部有关文件的会议及各种专项工作会议。协会在历次会议中积极向总署汇报工作、反映问题、争取支持和帮助，并按时完成了总署布置的各项任务。

回顾协会一年来的工作，在成绩中也还有些许不足。如，第一，协会服务职能发挥得还不够到位，不够深入；第二，协会整体工作的计划性还相对欠缺；第三，会员维权工作及"新华书店"商标使用管理力度还需要进一步加强；第四，《会刊》和网站功能单一。事实上协会《会刊》和网站的发展空间绝不仅仅局限于此，应该有着更加丰富和广阔的天地。下一步，协会将进一步利用好《会刊》和网站这样一个媒介平台，充分发挥其媒体推广优势，将《会刊》和网站进行有目的有针对性的打造，真正成为"新华人的精神家园"、"图书发行行业的媒体重镇"。

在以后的工作中我们坚信，在上级单位的指导下，在协会全体理事、常务理事和广大会员单位的共同努力下，协会一定能够将新一届协会工作做得更好。

2012 年工作总结

一、召开协会 2012 年度理事会

2012 年 5 月 30 日，协会在宁夏银川召开 2012 年度协会理事会，参会理事共计 70 余人。会议通报了协会 2012 年的工作计划和 2011 年工作总结；通报了全国新华书店"一网通"工作的基本情况；通报了关于成立新华书店协会企业形象推广中心及进行新华书店标识完善和推广工作的情况；通报了全国新华书店业务技能大赛的比赛情况及最终获奖情况及在银川书市的汇报表演准备情况等。会议一致通过了协会的总结与计划，通过了会议讨论的各项议题。

二、全面推进全国新华书店"一网通"项目的深入开展

全国新华书店"一网通"项目正式启动后，"一网通"的三个子项目即：上海新华发行集团承担的市场信息整合平台、浙江省新华书店集团承担的出版数据统一录制平台和江西新华发行集团承担的第三方物流协作平台都已开始运作。为使"一网通"工作尽快获得上级大力支持和全力推动，协会正式将已纳入中宣部、新闻出版总署十二五规划的"一网通"项目具体化操作方案及组建"一网通"公司的专题报告向新闻出版总署递交。总署对此予以高度重视，并由产业发展司与发行司联合对此项目予以关注，目前，有关资助正在推进，已有承办店获得专项补贴。

三、开展全国新华书店业务技能大赛

2011 年 10 月，经协会会长办公会研究同意，协会与新闻出版总署印刷发行管理司共同作为主办单位，组成组委会，在全国新华书店系统内进行"全国新华书店业务技能大赛"，为新华书店成立 75 周年献礼。大赛通知发出后，各地新华书店积极响应，纷纷在本省建立组织机构，以全国组委会发布的《竞赛规则手册》为蓝本，做好比赛各项准备工作。业务技能大赛共分五个项目，鉴于来自全国的参赛人员较多的情况，比赛分省举办。五个项目分别在四川、江苏、浙江、山西、黑龙江比赛。各省在省内练兵、培训和比赛的基础上

组成省队，再集中一地进行全国决赛。组委会对赛程非常重视，发行司和协会领导每有决赛共同亲临现场指挥、指导。比赛场地成立仲裁机构，解决比赛中出现的争议问题，由于大赛组织严密，各地承办店组织得力人员充实，使每个赛项都圆满完成。每个承办店都有当地局社、集团领导出席，对比赛给予高度重视。协会《会刊》、网站跟踪报道赛事，使每次比赛成果得以充分报道，大赛的气氛热烈有序，真正赛出了水平，达到了目的，选手们相互切磋学习，场上屡屡出现感人事迹，令大赛组委会和全国新华人深受感动。

全国大赛于 2012 年 5 月 28 日全部结束，按照组委会安排，大赛的汇报表演和颁奖在第二十一届书博会上举行。全国书博会组委会领导、宁夏区政府领导和新闻出版总署领导到会，柳斌杰署长亲自为大赛各单项、团体获奖选手颁奖，并发表重要讲话，对新华书店成立 75 周年表示祝贺，对全国新华书店大赛的获奖选手表示祝贺，对工作在新华书店岗位上的全体新华人表示慰问，并勉励他们再创辉煌。全国新华书店大赛在热烈的气氛中落下帷幕，胜利结束。柳署长的讲话也由协会发出专项通知，发往各地新华书店全国贯彻落实。

四、配合上级主管单位开展农家书屋建设工作

积极关注并加强全国新华书店系统在农家书屋建设方面的工作，通过编发简报、介绍经验等方式，推动新华书店参与农家书屋的工作积极性，同时对浙江新华推广的乡镇新华书店小连锁模式给予全面介绍和推广。把农家书屋工程与新华书店农村发行网点建设连接起来，并推介北京新华书店郊区县店组团到浙江新华学习考察。此项工作在政府的推动下、在协会的推介中有序进行。目前全国新华书店全部参与了农村书屋的持续建设，并作出一定成绩。

五、网站及《会刊》建设工作

2012 年中国新华书店协会《会刊》和网站作为协会媒体平台继续在行业中发挥了应有的作用。《会刊》、网站不忘服务新华书店的光荣使命，积极配合协会工作，圆满完成各项报道任务。同时，《会刊》和网站以关注出版发行事业为重点，着重报道新华大事小情、透视行业热点问题，在探索新形势下新华书店发展战略方面，以媒体特有的形式进行了积极的探索与开拓。2012 年

《会刊》共出版12期，180个版，发表文字50万字。《会刊》不仅对新华系统的各项活动进行了报道和宣传，还主动出击，策划了一系列的话题组织行业讨论，为书店各项活动的发展提供了有益借鉴。2012年相继组织实施了图书排行榜、征文比赛专拦、多元化经营、教材教辅发行、跨地区发展、基层门店经营、员工培训等系列报道，做到了贴近市场、把握脉搏、收效良好，进一步扩大了《会刊》的影响。

《会刊》还重点对当年全国新华书店业务技能大赛的各个赛项、各个环节进行全面跟踪报道，对获奖选手进行宣传介绍，保证大赛的每个赛点都得到充分宣传。

网站加大了对协会成员网站的关注力度，对网站栏目设置进行了调整和更新，并积极寻求与各地新华书店（发行集团）的互动，从内容、形式到推广，各项工作都有了一定进步。

六、编发纪念新华书店成立75周年大赛进程纪念文集和纪念画册

各地新华书店踊跃参与，积极供稿，目前稿件已审定结束，预计2013年3月可出版并发往各地。

七、推出新华书店信息平台建设的筹划与立项

在2011年12月16日，协会委托深圳专业公司开发设计的"新华书店信息平台"的审定评估会在京召开之后，继续进行筹划和调研。因信息平台的建设是行业大事，作为重大科技项目，协会经过充分论证，对整体信息平台推进分阶段进行，计划希望能得到新闻出版总署的支持和帮助。2012年6月下旬，协会形成推进此项工作的专题报告向总署报告。

八、各项专项活动

（一）举办培训

根据总署对协会培训计划的核准，批准举办新华书店企业内部财务预算管理培训班，中国新华书店协会于2012年4月中旬对全国新华书店近50名财务管理人员进行了为期两天的培训。

2012年是我国加快转变经济发展方式和管理创新转变的关键一年，为帮

助新华书店系统财务人员及时了解最新的税收改革动态和财务规定，规范财务行为，做好企业财务管理工作，全面提高财务管理水平与能力，协会本着为会员服务的目的，组织举办了新华书店企业内部财务预算管理培训班。

此次培训班协会严格按照总署的相关要求，以高层次、高技术人才为重点统筹，抓好各类财务人才队伍建设，为会员服务好，结合各地新华书店的要求，为学员详细讲解了在新形势下财务所面对的难点疑点问题，并对此问题进行探讨。聘请的讲师还根据新华书店系统在上市、实行股份制改造、跨地区经营等方面取得不同成果的发行集团所面临的不同的财务问题进行针对性交流，为今后具体工作中找出更好的应对策略及措施。

（二）参加上级单位召开的会议

年内协会秘书处紧密与政府主管机关新闻出版总署的联系与汇报，积极参加总署召开的各项会议，比如社团建设与管理研讨、修改社团管理条例会议、社团学习会议、学习民政部有关文件的会议及各种社团党的工作会议。协会在历次会议中积极向总署汇报工作、反映问题、争取支持和帮助，并按时完成了总署布置的各项任务。

回顾协会一年来的工作，在成绩中也还有许多不足。如，第一，协会服务职能发挥得还不够主动，不够深入；第二，协会整体工作的计划性还相对欠缺；第三，会员维权工作及"新华书店"商标使用管理力度还需要进一步明确；第四，《会刊》和网站功能有待更多地发挥。事实上协会《会刊》和网站的发展空间绝不仅仅局限于此，应该有着更加丰富和广阔的天地。下一步，协会将进一步利用好《会刊》和网站这样一个媒介平台，充分发挥其媒体推广优势，将《会刊》和网站进行有目的有针对性的打造，真正成为"新华人的精神家园"、"图书发行行业的媒体重镇"。

在以后的工作中我们坚信，在上级单位的指导下，在协会全体理事、常务理事和广大会员单位的共同努力下，协会一定能够将新一届协会工作做得更好。

2013 年工作总结

一、加强组织建设

（一）经协会常务理事会研究决定并经新闻出版广电总局批复，成立了中国新华书店协会摄影总会。

为加强新华书店企业形象推广，弘扬新华精神，展现新华风采，扩大品牌影响，增强全国新华摄影人的团结及交流，共同为新华书店在新的历史时期完成企业转型改制、宣传品牌和文化建设服务，协会成立了下属的内设机构：中国新华书店协会摄影总会。该会的性质是由新华书店协会主办，以全国新华书店会员单位和摄影人士为主体，并邀请业外具有深厚"新华情结"的摄影爱好资深人士参加的协会专业组织。该会的宗旨是以马克思主义、毛泽东思想、邓小平理论和"三个代表"重要思想为指导，坚持科学发展观，积极组织和开展全国新华书店系统健康有益的摄影活动，宣传和弘扬新华书店品牌形象，鼓励新华摄影人深入发行工作一线，深入社会生活，翔实记录和展现新华人"为书找读者、为读者找书"，丰富多彩的工作和生活场景，通过记录美好瞬间，促进全国新华摄影人团结和交流，为新华书店的转型发展、为社会主义精神文明建设贡献力量。该会于 6 月 24 日在福州市召开了成立大会。同时，明年还将举办以本会主办、摄影分会承办的"最美书店"的全国摄影作品评选活动。

（二）根据形势需要，经论证研究，在新闻出版广电总局及国家民政部的指导和支持下，成立了中国新华书店协会财务管理工作委员会。

全国新华书店目前均为企业性质的单位，许多新华书店集团已成为上市公司，或正积极争取上市。因此，按照企业性质加强财务和税收管理，成为协会工作的重要课题。为维护国有资产保值增值，科学管理，全面推进新华书店企业化、公司化、科学化的运营，加大企业财务管理和成本核算意识，为企业的稳步发展，联系交流，做好基础工作，协会决定在已坚持二十年的华东地区新华书店财务研讨会基础上，吸收全国各省级新华书店集团公司及部分计划单列市新华书店（集团）财务人员成立了"中国新华书店协会财务管理工作委员会"。该委员会为非法人机构，为协会的分支专业机构，在协会领导下开展工作。该委员会于 11 月 12 日在山东青岛召开了成立大会。

二、召开新华书店办公室主任暨协会《会刊》网站通联会

为进一步弘扬新华品牌，增强兄弟书店间的沟通交流，表彰协会《会刊》网站优秀通联站、特约记者、通讯员，协会于 4 月 19 日在海口市召开省级新华书店办公室主任暨协会《会刊》网站通联会。会上通报了 2012 年协会工作总结、2013 年的工作计划；为落实十八大报告提出的"发展要有新思路，改革要有新突破，开放要有新局面的精神"，研讨了新华书店卖场转型与建设的思路；对《会刊》及网站 2011 至 2012 年工作进行了总结；对 2011 至 2012 年度会刊及网站优秀通联站、优秀特约记者、通讯员进行了表彰；为新发展的《会刊》及网站特约记者及通讯员颁发了聘书。

三、编发《全国新华书店业务技能大赛纪念文集》及《全国新华书店业务技能大赛纪念图集》

两书翔实记录了新华书店 75 周年全国新华书店业务技能大赛的各个瞬间，详细记录了全国新华书店业务技能大赛从各省预赛到全国决赛以及在全国书市上的颁奖及汇报表演的整个过程。两书在征稿过程中，得到了各级新华书店的积极支持。共收到各类文字稿件 160 余篇，照片 1000 余幅。两书于今年 8 月已下发到各省级新华书店及其他会员单位。

四、开展各项专项活动

1. 举办各类培训及培训调研

（1）举办书店卖场营销策划高级研修班

在网络书店模式日益成熟与读者数字阅读习惯逐渐形成的双重影响下，实体书店正处于萎缩及举步维艰的状况。在激烈竞争的环境中，实体书店卖场如何谋求出路？如何进行战略布局和扩张？如何确保门店卖场的持续盈利？如何运用新营销技术策划市场赢得读者？基于对以上问题的深刻思考，协会举办了

新华书店"营销专题大讲堂系列之——书店卖场营销策划高级研修班"。课程彻底摒弃了"策划＝包装项目，销售＝促销"的错误观念，由专业人士重新诠释了策划、营销的定义及操作。为使课程学习更具实用性，课程采用大量案例教学，并运用 MBA 式的情景培训模式，让学员与专家、学员与操盘手、学员与学员之间得以智慧互动、经验交流。学员们反映，此研修班有效地帮助书店卖场经理和营销策划人员完成了一次全面系统的提升过程。

（2）举办新华书店系统企业税收热点解析实务研修班

2013 年是十八大的开局之年，是我国加快转变经济发展方式和管理创新转变的关键一年，是深化税收体制改革新的一年，新一轮税制改革正步入实质操作阶段，相关税收配套法律法规已经陆续出台。都对企业财务人员业务水平的提高提出了更高的要求。为帮助新华书店系统财务人员及时了解最新税制改革动态，熟悉最新财税政策，全面提高财务管理与财务创新能力，中国新华书店协会于 2013 年 9 月 13 日举办了"新华书店系统企业税收热点解析实务研修班"。该研修班突出实用性和可操作性，并组织现场交流、专家答疑等，详细解析新近出台的流转税、企业所得税和财产行为的法规、规章和规范性文件中企业关注的热点政策问题，剖析出台背景和企业具体实践运用。学员们认为，通过学习，能够尽快掌握和熟练运用这些新规定从而降低了企业的税务成本和风险。

（3）在系统内对培训内容及培训对象进行调研

目前，全国新华书店在改制、改造和争取上市工作中，在拓展视野、提高素质、更新观念，特别是立足图书发行、开创大文化产业和促进文化发展与繁荣方面有了更高的发展目标。这些都对协会的培训工作提出了更高的要求。为此，协会特向各省新华书店（集团）征求对协会培训工作的建议，对培训内容进行调研，以期改进培训工作，提高培训水平。

2. 参加上级单位召开的会议及各专项活动

年内协会秘书处紧密与政府主管机关原新闻出版总署现新闻出版广电总局的联系与汇报，积极参加总局召开的各项会议，如参加新闻出版系统培训工作会议、党的群众路线教育实践活动、反腐倡廉会议及各种专项工作会议等。

根据总局新人教［2013］113号通知要求，协会对自2012年以来开展的系统内培训工作进行自查。经查，协会培训均在年度计划中向总局申报。协会对每期培训均有事前审查，聘请师资也为院校专业师资及系统内培训专家。对培训内容审核把关，特别是对师资的授课经验进行多次考核和测评。培训收费也按国家相关规定，采用低档收费标准。

按照新闻出版广电总局的统一布置，协会参加了社会团体组织的评估工作。由民政部社团组织服务中心组成的评估工作小组于2013年10月到我会进行现场评估，对协会的组织建设制度和档案管理、会员服务等工作进行了认真细致的考核及评估，结果将于2014年4月左右进行公布。

五、网站及《会刊》建设工作

网站和《会刊》自开办以来，在发布相关政策、措施，报道各地活动及信息方面发挥了重要作用，也得到了新华系统各方面的大力支持和热情参与。目前，网站及《会刊》在新华系统中的影响已越来越大。特别是最近一年，《会刊》和网站借着新华书店店庆75周年举行的全国新华书店业务技能大赛的大好时机，大力宣传报道新华书店发展成就和有关大赛活动的方方面面，在业内产生了积极的影响。《会刊》和网站在沟通新华书店关系、促进业界交流、增强行业凝聚力方面产生了重要的作用。2013年，《会刊》共推出11期，96版，完成报道85万余字。其中重大选题包括"双11"给实体书店带来的启示、上海新华书店重建"发行员"队伍带来的思考；教辅市场的新变化；实体书店的扶持与自救；"80后"员工看新华书店企业文化建设；书店少儿书营销上演弯道超越；书店积极谋求卖场转型升级等。协会网站内容更新：共计221条，重要公告4条（协会秘书处要求发布的通知通告），行业动态128条，会刊内容89条，投稿共102篇（网站投稿91篇，QQ投稿11篇）。

六、全面推进全国新华书店"一网通"项目的深入开展

协会于2010年发起运作的全国新华书店跨地区协作网工程（简称"一网通"）已列入中宣部和新闻出版广电总局的"十二五"规划中，近两年来已在

上海、浙江及江西进行了几个子项目的建设与推广。为使这一工程能够有效运营和实际推动，新华书店总店在中国出版集团的支持下，作为"一网通"平台建设的承办单位，争取到国有经营资本预算项目的支持，拨付专项资金，推进此项工作的开展。目前已开始就平台搭建、信息收集、通道运行、数据整理及各省新华书店集团的支持合作事项开展调研，使"一网通"工程有了相对实质性的进展。

七、参加城市新华书店会议

面对全国发行行业实体书店面临的竞争压力和电商的低价倾销，协会对每年一次的全国新华书店城市店会议予以重视，并连续几年到会听取反映。今年8月协会专人到杭州参加2013年会议，对新华书店城市实体书店的经营压力加深了解，倡导实体书店的转型升级及寻求突破，把实体书店的体验与交流优势发挥到极致，争取更多的市场份额及更广泛的读者信赖。

回顾协会一年来的工作，在成绩中也还有些许不足。如，创新意识不强。面对激烈的市场竞争重视短期忽视长远，只要会员单位没有问题反映即可，工作上维持多了一些，协会服务职能发挥得还不够到位，不够深入，协会整体工作的计划性还比较欠缺，形成甘于现状，难有大的作为的局面。下一步在改进的基础上将进一步利用好《会刊》和网站这样一个舆论基地，一切以行业发展为基础，以会员满意为原则，踏踏实实做事，充分发挥会员单位的积极性和智慧，扎实地做好协会工作。

2014年工作总结

一、召开协会换届大会

按照《中国新华书店协会章程》第十六条规定，中国新华书店协会会员代表大会每届四年，延期换届最长不超过一年。据此，协会换届工作于2014年下半年开始筹备。经过半年的筹备工作，经新闻出版广电总局批准及民政部对修改的《中国新华书店协会章程（草案）》预审核准，中国新华书店协会于2014年11月3日在北京召开了中国新华书店协会第三届全国会员代表大会。共有来自于31个省（区、市）的180名会员代表出席。总局孙寿山副局长出席会议并作重要讲话。中国出版协会常务副会长兼秘书长刘建国、中国书刊发行业协会副会长兼秘书长吴修书等到会祝贺。

孙寿山副局长在讲话中对中国新华书店协会今后的工作提出四点希望：一是要引导会员牢记光荣使命，在传播先进文化上下功夫；二是要引导会员加快改革步伐，在转型发展上下功夫；三是要创新服务理念，在服务会员上下功夫；四是要健全完善制度，在加强自身建设上下功夫。"希望中国新华书店协会新一届理事会继承发扬优良传统，团结带领会员迎接挑战，为新华书店的改革与发展作出新的贡献。"

会上，第二届协会会长王俊国作第二届协会理事会工作报告；第二届协会原副会长张佩清作修改《章程》的说明；副会长龚次敏作第二届协会财务报告；秘书长张雅山作调整会费标准的提案说明。会议举手表决通过了《第二届协会理事会工作报告》、《章程》修改草案、《财务报告》、《调整会费标准的提案》。大会投票选举，产生了第三届理事会理事105名。在第三届理事会第一次全体会议上，投票选举，产生了第三届理事会常务理事36名；第三届协会理事长1名、副理事长17名及秘书长1名。

新当选的第三届中国新华书店协会理事长哈九如作闭幕致辞。他表示，中国新华书店协会新一届领导班子将按照大会的要求，勤勉尽职地为全体会员服务，通过深入调查研究，把握会员单位需求，精心组织各类活动，办实事求实效。哈九如理事长强调，作为"新华书店"商标的注册人，作为全国新华书店的社团组织，我们的核心工作就是团结会员，服务会员，维护新华书店的合法权益，保证新华书店在法制环境下健康经营发展，努力做到反映诉求有声音、协调维权有路径、自律规范有底线、促进发展有平台。

二、弘扬品牌、维护权益、加强新华书店系统商标使用管理

发扬光大新华书店品牌，对新华书店商标的使用、管理、保护和监督，维护会员对商标使用的合法权益是协会的重要职责和立会基础。

协会为使新华书店这一品牌在各级新华书店改制后仍保持统一，在视觉识别形象上做了大量工作。对改制后企业名称中没有"新华书店"字样的店如何使用"新华书店"商标；各店多元化经营后附属企业如何使用"新华书店"商标；在使用"新华书店"商标的同时如何与本企业自设标识相结合等方面都作出了相应规定，并给予具体指导，使新华书店商标在使用上形成唯一标准。协会要求各级会员单位在使用新华书店商标中，要严格按照《中国新华书店协会章程》、《新华书店商标使用管理规则》、《新华书店商标使用管理规则实施细则》的有关规定执行。

除了严格按规定向各地新华书店予以商标使用授权，保证其合法使用，同时特别加大了对各地新华书店在使用过程中出现的违规现象予以依规纠正。

2013年底，广西新华书店集团有限公司向中国新华书店协会反映：2012年10月，广西新华书店集团有限公司成立，南宁市新华书店未加入区新华书店集团。原因是：原南宁市新华书店于2005年经市政府批准已改制，改制后国有股权仅占35%。公司管理层人员持股35%，其余由270名员工持股。改制后的南宁市新华书店有限责任公司不符合国家对国有文化企业特别是对新华书店改制国有股权比例要达到51%控股的要求。

鉴于这种特殊情况，当时经区人民政府批准印发的"广西新华书店集团股份有限公司组建方案（桂政办发〔2011〕221号）"中写明：南宁市新华书店有限责任公司可在区新华书店集团股份公司完成组建后1—2年内加入区新华书店集团股份公司。对于目前南宁市新华书店有限责任公司的国有股权不足51%的问题，应按《国务院关于非公有资本进入文化产业的若干决定》（国发〔2005〕10号）的相关规定在2011年底予以纠正。但区新华书店集团公司成立两年后至2013年，南宁市新华书店有限责任公司没有任何动作。南宁市政府、广西区新闻出版广电局、文改办、区党委宣传部多次做其工作，但其至今未改正。故南宁市政府工作会议纪要（〔2013〕33号）决定：由区新华书店集团整合南宁市六县新华书店，重新组建南宁市新华书店。并将现南宁市新华书店有限公司 35%国有股权全部退出。同时，广西文改办、广西区新闻出版广电局同一天发文，批复广西区新华书店集团公司同意撤销南宁市新华书店有限公司，向中国新华书店协会申请取消其会员资格及新华书店商标使用权。

2013 年 12 月 29 日，广西新华书店集团股份有限公司向中国新华书店协会提交《关于建议取消南宁市新华书店有限责任公司中国新华书店协会会员资格及使用新华书店商标权的请示》。协会收到请示后进行了多次协调，要求南宁市新华书店按协会商标使用有关规定进行改正，但未果。

协会就此问题向新闻出版广电总局作出书面请示，总局召开了由总局法规司、发行司、改革办、中国新华书店协会、广西区新闻出版广电局、广西新华书店集团股份有限公司参加的六方会议。会议认为，新华书店商标的使用及协会会员资格应遵照《中国新华书店协会章程》的相关规定执行。

根据协会《章程》规定，单位会员应是新华书店股份或国有资产股份占 51%以上成立的出版物发行企业、集团或公司。据此，第三届协会召开常务理事会，审议并对终止南宁市新华书店有限责任公司中国新华书店会员资格进行表决。会议召开之前，协会要求南宁市新华书店有限公司在规定时间内，向协会提供国有股份达 51%以上的相关证明材料。在未收到其相关证明材料后，会议如期召开。36 名常务理事 34 名投了赞成票，2 票弃权。2014 年 12 月协会作出了《终止南宁市新华书店有限责任公司新华书店商标使用权的决定》，并向南宁市新华书店有限责任公司下达了通知书。

三、举办"美丽书店"主题摄影活动

为加强新华书店企业文化建设，塑造卖场优雅、整洁的美丽形象，创建书香社会，积极倡导和大力推进全民阅读；加强和扶植实体书店发展建设，进一步扩大实体书店在社会的影响力；充分反映图书发行行业职工热心服务读者，全身心投入图书发行工作的精神风貌，经新闻出版广电总局印刷发行司同意，中国新华书店协会于 2014 年 3 月正式启动了"美丽书店"主题摄影展览、评选活动。

2 月初，活动《总体方案》和《实施细则》下发，各省纷纷对此进行了

转发，并利用协会网站、《会刊》和会议等多种形式进行组织发动。为保证投稿的顺利进行，中国新华书店协会及各省新华书店网站分别开设了投稿邮箱，为加强有关工作联系、沟通，各省还指定了负责此项工作的联络员，全国成立了活动组委会。为深入做好组织发动工作，组委会先后于3月及7月召开了两次工作会议。总局发行司、中国新华书店协会有关领导到会并给予指导。

此次活动全国分为六大片区，各片区也相应进行了深入、细致的组织安排与工作协调。此次活动共收到各地新华书店职工及读者投稿作品千余幅（组），作者遍及全国各地。6月下旬全国六大片区先期组织进行了初评工作。

为进一步扩大实体书店在社会的影响力，促进和加强实体书店的发展建设和宣传，在总局印刷发行司的大力支持下，中国新华书店协会又组织全国近三十个省、市、自治区新华书店，在片区初评入选作品的基础上，在2014年8月贵州举行的第24届全国书博会上，成功举办了"美丽书店中国行——实体书店在发展"图片摄影展。中宣部出版局、国家新闻出版广电总局印刷发行司以及部分省、市、区政府领导和新华书店负责人亲临现场参观，并给予了肯定和赞扬。

为做好"美丽书店"主题摄影活动总评工作，9月中旬，成立了由中国新华书店协会领导、片区活动负责人及摄影协会人士共同参加的评选委员会。在总评工作中，为保证评选的公平、公正，全部参评作品均隐去了作者姓名和工作单位，采用按六大片区分别编号的形式进行评选。在评选工作中，评委们认真负责，仔细观看每一幅作品，常常就一幅作品的评选，反复进行斟酌。大家充分发表意见，曾出现了几次对得票相同的作品，进行再次投票的情况。

总评共有240余幅（组照按一幅计）参加了评选，全部作品分为相机组、手机组、平板电脑组和艺术创意组。相机组共评出一等奖3幅、二等奖5幅、三等奖7幅、优秀奖40幅；手机组、平板电脑组和艺术创意组获奖作品各为2幅。

四、组织编写《图书发行学案例教程》

协会根据全国新华书店实体店经营和业务发展需要，为加大营销业务，提升书店服务读者的能力，就新形势下如何把实体店做大做强，为实现伟大的中国梦作出应有贡献，促进实体书店的转型升级，推动图书发行与科技深度结合。协会特委托图书发行史专家，原新华书店总店副总经理郑士德同志编写了《图书发行学案例教程》一书，第一次以案例方式将发行业务的各个环节由浅入深的讲解，把发行方针、业务知识和发行技巧有机结合，重新探讨发行规律，供求规律和图书销售周期，深受书店员工喜爱，目前此书已发向全国。

五、开展各项专项活动

1. 进一步加强基层新华书店的业务培训工作

根据政府主管部门的要求和协会的工作职能，协会在开展对全国各级新华书店的业务培训方面也做了许多工作。针对目前新华书店改制创新、科学管理、门店经营、客户维护以及企业的宣传推广、财务管理、劳动关系等进行专项的研讨和培训，委托社会专业培训机构，分门别类地举办相应的短期培训班，2014年举办了2期专题培训。其中一期主要是以财务管理、纳税政策为主要内容。另一期为公司制改造、营销策略、门店经营和企业制度建设及卖场泛文化发展的培训课程。邀请的是社会专家学者和业内资深人士为培训学员授课。采取教学互动方式，使学员在学习的同时，提高了知识水平，交流了经验，增长了才干，收到了很好的效果。

2. 参加上级单位召开的会议及各专项活动

年内协会秘书处紧密与新闻出版广电总局联系及汇报，积极参加总局召开的各项会议。配合总局对《出版物市场管理规定》的修订提出修订意见和建议。积极参加总局人事司举办的2014年社团管理工作培训班等。

六、网站及《会刊》建设工作

2014年1月至12月，《新华书店协会会刊》共出版12期、112版，发表各地新华书店新闻动态、人物访谈、理论文章、专题策划等各类文章，共计30余万字。尤其是对由协会举办的"美丽书店"摄影主题活动、中国新华书店协会第三次全国会员代表大会等作了系列专题报道，受到广大新华人的关注。

2014 年，中国新华书店协会网站共更新内容 355 条，其中发布协会秘书处重要通知及文件数 10 次。网站总访问量 21215（以 IP 地址计算），页面浏览量 46911。2014 年，网站在原有重要公告、行业动态、政策行规等栏目的基础上，新增专题栏目 2 个：新华书店摄影总会（内容 11 篇）、"最美书店"主题摄影作品评选官网（图文共 100 条）。此外，2014 年 5 月，会刊编辑部注册了中国新华书店协会官方微信，截至 12 月 16 日，共发布内容 24 期。

一年来协会的工作有成绩也有不足，我们相信在明年的工作中，协会在总局的正确指导下，在新一届协会领导班子带领下，在协会各会员单位的共同努力下，协会将进一步凝聚新华人和全体会员的智慧与力量，通过更加扎实、更加卓有成效的工作，将新一届协会工作做得更好。

中国新华书店协会
第二届理事会工作报告

王俊国

各位代表、各位同志：

我受中国新华书店协会第二届理事会的委托，向大会作本届协会理事会的工作报告，请予审议。

中国新华书店协会 2009 年召开了第二次会员代表大会。本届协会理事会经选举产生，迄今已过五年。在中宣部、国家新闻出版广电总局的直接领导下，在民政部的关心和指导下，在广大会员、兄弟单位和各相关方面的大力支持下，按照本会章程规定的宗旨及任务，以党的十七大、十八大和十八届三中全会重要精神为指针，以服务社会主义文化大发展大繁荣为主旨，秉承为会员服务，维护新华书店合法权益，反映新华书店的呼声与要求，加强会员间交流沟通，促进新时期新华书店的建设，促进会员健康发展方面做了一些工作，取得了一些成绩。为推进国有书店的改革与发展，在探索市场经济条件下发挥社团组织的桥梁纽带作用积累了一些经验。

本届协会开展的工作主要包括以下几个方面：

一、组织广大会员单位积极开展各项活动，增强新华书店系统凝聚力

（一）开展全国新华书店业务技能大赛

2011 年 10 月，经协会会长办公会研究同意并报总署批准，总署印刷发行管理司与协会共同作为主办单位，组成全国新华书店业务技能大赛组委会。在全国新华书店系统内进行"全国新华书店业务技能大赛"，为新华书店成立 75 周年献礼。比赛共分五个项目，分别在四川、江苏、浙江、山西、黑龙江等地举办。大赛活动得到了各地新华书店的热烈响应和积极参与。各省（自治区、直辖市）都派出了精兵强将参赛。大赛的气氛热烈有序，赛出了水平，实现了竞赛目的。选手们相互切磋，学习交流，增强了新华书店系统的凝聚力，形成了比、学、赶、帮和爱岗敬业的良好氛围。

大赛于 2012 年 5 月 28 日全部结束，在宁夏第二十一届书博会上举行了汇报表演和颁奖仪式。总署领导、全国书博会组委会领导和宁夏回族自治区政府领导到会为大赛获奖选手颁奖，并对全国新华书店技能大赛活动给予充分肯定和鼓励。

大赛结束后，协会编辑出版了《全国新华书店业务技能大赛纪念文集》及《全国新华书店业务技能大赛纪念图集》，作为各地新华书店对员工进行职业教育和业务培训的教材或辅导资料。

（二）积极推进全国新华书店跨地区协作网

为整合全国新华书店资源，协调全国新华书店系统合作互动，将全国各省（自治区、直辖市）新华书店的信息平台、卖场平台、物流平台以及服务支持平台等有机地连接起来，充分发挥全国新华书店的品牌优势、渠道优势、卖场优势和网络优势，利用互联网和新技术为传统发行业寻求新的经营模式与转型升级，在市场竞争中促进新华书店的整体发展。2010 年 6 月，全国新华书店跨地区协作网（简称"一网通"）正式立项。

中国新华书店"一网通"工程为中国新华书店协会发起，全体理事单位共同参与的全国性项目。通过信息互通、渠道连接、资源共享，实现"新华书店"整体实力的提升，扩大"新华书店"品牌的影响力和品牌价值。

"一网通"项目得到了中宣部和国家新闻出版广电总局的高度肯定和全力支持，被列入中宣部和总局的"十二五"规划之中，其中的几个子项目已经先后在上海、浙江及江西进行试点。为使这一工程能够有效运营和公司化运作，2013年11月，新华书店总店作为"一网通"平台建设的承办单位，得到了财政部国有资本预算项目专项资金支持，将继续延深推进此项工作的开展。目前已开始平台搭建、信息收集、通道运行、数据整理等方面的工作，将进一步加快"一网通"工程实质性的推进。

（三）配合共和国成立60周年举办庆祝活动

为配合落实新闻出版总署有关中华人民共和国成立60周年宣传活动要求，进一步树立新华书店良好社会形象，宣传新中国成立以来新华书店的发展成就，协会在新中国成立60周年之际举办系列活动：

如：优秀出版物联合展销活动。本次活动时间跨度为一个半月，从9月中旬至10月底。在协会的统一组织协调下，各省新华书店（集团）及所属门市掀起了中华人民共和国成立60周年优秀出版物联合展销的热潮。活动期间，各地新华书店还通过开展送书活动、流动供应、大型书市等多种形式向社会和读者展示新华书店与祖国共同成长的丰富历程。活动深入到最基层的门店，走进各类读者中间与读者互动，增进了解，增加信任，产生了十分积极的影响。

又如：举办新华人征文摄影大赛。为充分展示新中国成立后及改革开放以来祖国在建设中所取得的辉煌成就，记录新华人六十年来在生活和工作中发生的可喜变化，面向全系统举办了"我与共和国60年——纪念中华人民共和国成立60周年新华人征文摄影大赛"。本次活动历时半年，在广大新华人的热情参与下，评委会共收到了来自30个省（自治区、直辖市）新华书店的新华人的征文数百篇、摄影作品千余幅。他们以独特的视角和感悟，用文字和镜头记录了祖国、书店和个人一段段不平凡的历程和成长轨迹，在弘扬新华传统与精神的同时，为共和国60华诞献上了一份特别的祝福。

（四）组织开展向青海省玉树州新华书店捐款活动

2010年4月14日青海省玉树藏族自治州玉树县发生了7.1级特大地震，灾情十分惨重，灾区人民的生产生活面临着严重的困难。青海省新华发行集团有限公司所属玉树州新华书店受灾严重。

协会在多次向青海省新华发行集团公司了解灾区新华书店灾情之后，及时向全国各省（自治区、直辖市）新华书店（集团）发出了《关于向青海省玉树州新华书店捐款的倡议书》，并在协会网站公布了《倡议书》及《玉树州新华书店抗震救灾情况通报》。

此次捐款援助活动，充分体现了一方有难、八方支援，全国新华书店是一家的新华精神。共募集捐款140多万元，青海省新华发行集团公司对全部捐款的使用作出专项审计，并列出款项用途清单向各省（自治区、直辖市）新华书店（集团）进行了通报。2014年7月，全国新华书店系统捐助建设的玉树新华书店营业楼建成并开业迎接读者。

（五）组织编写《图书发行学案例教程》

协会根据全国新华书店实体店经营和业务发展需要，为加大营销业务，提升书店服务读者的能力，就新形势下如何把实体店做大做强，为实现伟大的中国梦作出应有贡献，促进实体书店的转型升级，推动图书发行与科技深度结合。协会特委托图书发行史专家，原新华书店总店副总经理郑士德同志编写了《图书发行学案例教程》一书，第一次以案例方式将发行业务的各个环节由浅入深的讲解，把发行方针、业务知识和发行技巧有机结合，重新探讨发行规律，供求规律和图书销售周期，深受书店员工喜爱，目前此书已发向全国。

二、配合上级主管单位开展各项工作

（一）农家书屋建设工作

根据中宣部、新闻出版总署关于农家书屋建设的指示精神协会下发了《有关农村图书发行网点及农家书屋建设发展情况的调研提纲》了解各地有关情况，并对各店反馈回的农家书屋建设问题、建议及新华书店农村发行网点建设问题及建议作了认真的汇总和分析，向中宣部、总署作了专题汇报。

2009年10月协会还在湖南长沙专门召开了"农家书屋"建设研讨会，研究推动此项工作进一步落实的措施。

几年来，协会积极关注并加强全国新华书店系统在农家书屋建设方面的工作，通过编发简报，组织研讨，经验交流等方式，推动农家书屋工程建设，把农家书屋工程与新华书店农村发行网点建设有机连接起来，与新华书店经营业务的改革创新结合起来。

（二）参与推荐评选中国百名优秀出版企业家工作

根据新闻出版总署《关于评选中国百名优秀出版企业家的通知》精神及给协会下达的推荐名额要求，协会成立了推荐工作领导小组。领导小组充分依靠和发动群众，坚持标准，坚持公开、公正、公平的原则，确定出10名候选人，报总署人教司。总署评选，协会推荐的10人中有6人当选"中国百名优秀出版企业家"。

（三）进一步加强基层新华书店的业务培训工作

根据协会的工作职能，协会委托社会专业培训机构，分门别类地举办相应的短期培训班，平均每年举办2—3期专题培训。主要是以财务管理、公司制改造、纳税政策、营销策略、门店经营和企业制度建设等方面开设培训课程。邀请社会专家学者和业内资深人士为培训学员授课。通过学习，提高了书店员工的业务素质，收到了很好的效果。

（四）积极反映新华书店的诉求，维护会员单位合法权益

维护系统权益，向上级反映诉求是协会的重要工作。2012年4月，11个省级新华书店联名反映中小学教辅材料的发行问题。协会在进行调查核实的基础上，进行了系统整理，分别向教育部、总署、发改委和国务院纠风办及时反映，得到了有关方面的高度重视与理解。

三、加强协会组织建设，发挥工作委员会的专业功能

应广大会员单位的要求，经协会常务理事会研究决定并报请国家新闻出版广电总局和民政部同意，协会陆续建立了三个专业工作部门，性质为协会的内设机构。他们是：中国新华书店协会财务管理工作委员会、中国新华书店摄影

总会及新华书店企业形象推广中心。这三个工作机构成立之后，积极开展工作，以为会员服务为宗旨，受到了广泛好评。

四、弘扬品牌、维护权益、加强新华书店系统商标使用管理

发扬光大新华书店品牌，对新华书店商标的使用、管理、保护和监督，维护会员对商标使用的合法权益，是协会的重要职责，为此做了大量工作。如：

针对改制后企业名称中没有"新华书店"字样的店如何使用"新华书店"商标；各店多元化经营后附属企业如何使用"新华书店"商标；在使用"新华书店"商标的同时如何与本企业自设标识相结合等等方面的新情况和新问题都作出了相应规定，并给予具体指导。同时对各地新华书店在使用过程中出现的违规现象，依规予以纠正。

五、网站及《会刊》建设工作

协会网站和《会刊》自2005年开办以来，在发布行业政策、推介改革经验，报道各地新华书店和业界活动及信息方面发挥了重要作用，在业内产生了积极的影响。

2009年1月至2014年8月，《新华书店协会会刊》共出版66期、760版，发表各地新华书店新闻动态、人物访谈、理论文章、专题策划等各类文章，共计220余万字。2014年5月，会刊编辑部注册了中新协官方微信。截至8月，共发布内容24期。

六、与兄弟协会合作开展活动

2010年9月，以"创新与转型中的多元合作"为主题，召开了"2010全国大中专教材公共论坛"。本届论坛由中国出版工作者协会、中国新华书店协会主办，《全国大中专教学用书汇编》编委会承办。近百余家出版社、发行单位的代表参会。

从2012年起，联合中国图书馆学会和韬奋基金会，共同举办出版界、图书馆界"全民阅读年会"和"好书评选"专项活动。活动举办三年来，对倡导全民阅读、推动优秀图书评选和提高全民文化素养等做了有益尝试，通过活动也为新华书店培育读者、贴近读者和促进图书市场繁荣作出了贡献，并收到

了很好的效果。

同志们，在上级机关的关怀和指导下，在全体会员单位的大力支持下，本届协会工作进展顺利，并取得了一些成绩。这些成绩的取得是各方面共同努力的结果，是集体智慧的结晶。在此我向长期以来对协会工作给予关心、指导的民政部、国家新闻出版广电总局，向广大的会员单位以及向辛勤努力工作的各位副会长、协会秘书处表示衷心的感谢！

回顾与总结本届协会的工作，还存在一些不足和需要加强改进之处。如：缺少长远的工作计划以及工作重点不够突出；协会的组织建设进展缓慢，对各地的指导协调不够；组织会员单位之间的交流活动较少，内容形式不够丰富多彩；商标使用及依法维权等方面的工作有待进一步加强；协会网站及《会刊》的作用应该发挥得更充分、更及时、接地气，等等。以上这些问题和不足，我作为协会的会长，应该承担主要责任。建议并希望新一届协会的领导集体，采取有效措施，予以改进和弥补，为会员单位提供优质、满意的服务，相信他们一定能够有更加出色的表现。

七、几点体会

（一）坚持宗旨，服务为本。中国新华书店协会的职责在章程中已作出明确规定，我们必须内化于心，外化于行，尽职尽责地努力完成。要全心全意为会员单位服务的责任心与热情去计划和落实协会的各项工作。这是做好协会工作的重要基础。

（二）服从领导，争取支持。中国新华书店协会是经民政部批准登记，国家新闻出版广电总局直接领导和管理的社团组织，我们的各项工作都离不开上级单位的领导和支持。要认真执行和贯彻落实有关方针、政策，服从领导、服从大局，发挥桥梁和纽带作用。这是做好协会工作的重要保证。

（三）多办实事，注重实效。中国新华书店协会是全国新华书店共同的组织，反映会员单位的诉求，依法维护会员单位的合法权益，促进会员单位共同发展，增强新华书店的凝聚力是协会工作不可推卸的责任。协会必须依靠和密切联系会员单位，努力多办实事，注重实效。使大家感到信得过，靠得住，有为才有位。会员单位的支持与配合是做好协会工作的重要源泉。

（四）他山之石，可以攻玉。在国家新闻出版广电总局领导下，众多协会具有丰富的经验和工作方法，有许多值得我们学习与借鉴的地方，我们虚心向兄弟协会学习、请教，加强合作，联手开展一些有益的活动，从中增强了解，密切关系，达到相互支持帮助，共同发展的目的。这是提高我们工作质量、业务能力和做好协会工作的有效途径。

各位代表，中国新华书店协会第二届理事会工作在全体会员单位共同努力下已经基本完成了各项预定的工作计划，完成了广大会员和第二届会员代表大会所赋予我们的职责。

协会的发展和新华书店事业的进步，需要我们进一步强化责任，继往开来，以更加强烈的使命感，更加坚定的信心和更加有力的措施，改革创新，加快发展。

我们坚信，在中宣部和国家新闻出版广电总局的正确领导下，在会员单位的共同努力下，新一届中国新华书店协会一定会作出更大的成绩。

谢谢大家！

2015 年工作总结

2015 年是新一届协会工作的第一年。在国家新闻出版广电总局领导及民政部的关怀支持下，围绕第三届理事会提出的"擦亮招牌强基础，弘扬传统扩影响，融合转型谋发展"的工作目标，在全国新华书店的大力支持及协会全体工作人员的共同努力下，协会工作开局顺利、成效明显。

一、"新华书店"门店品牌标准化

擦亮招牌强基础，开展新华书店门店标准化工作，贯标领导小组办公室制订下发了《全国新华书店实体店服务贯标活动实施办法》及《新华书店实体店服务标准》。并按计划在 2015 年底完成了各省新华书店贯标工作的培训。全国新华书店四大片区，每个片区指定了两家省级店作为活动牵头单位。改制后未进入省新华书店集团的省以下新华书店，参加了省级店的培训。根据辽宁省新华书店改制后有60家市县店未进入省发行集团的特殊情况，协会为这60个市县店单独组织了培训，实现了全覆盖，不遗漏。

二、启动《中国新华书店发展大系》编纂工作

《大系》的编纂工作于2015年8月份正式启动。编纂《大系》已得到各省店集团领导的高度认同，各省店已开始着手编辑工作。本书为32卷的丛书，分省撰写。由中国新华书店协会组织各省新华书店共同主编，于2017年3月出版发行。《大系》目前已得到人民出版社的全力支持，并承担协调全国各省市人民出版社的出版工作。

三、践行"走出去"战略　聚力开拓海外市场

新华书店在境外开办新华书店已有十几年的实践，边境省份的口岸相继有一批口岸国门书店开业，这对提升新华书店品牌影响力和传播中国文化很有作用。针对如何办好国门书店，新华书店如何践行"走出去"战略，协会于2015年7月召开了新华书店"走出去"专题工作研讨会。会议认真学习贯彻了总局制订的相关政策要求，回顾总结了新华书店系统这些年来"走出去"的经验措施，研究交流境外书店建设，讨论国门书店的发展与建设。云南、福建、广西、新疆、黑龙江、西藏等新华书店的成功经验得到分享。会议认为，办好国门书店要做到：一是"拿得出"。即店容店貌要能体现国家形象；二是"守得住"。守得住关系到国门书店生命线问题，不能仅靠政府拨款维持；三是"叫得响"。有影响力，与边贸相结合，在经营图书的同时充分融合其他经营方式及产品的经营。

会议对四川新华发行集团主办的"2015年米兰世博会中国彩灯节"给予了充分推荐。四川新华主办米兰世博会中国彩灯节是通过文化搭台、经济唱戏。中国彩灯节的成功举办是四川新华为出版业融合创新开辟的一条新路子。安徽新发行集团组团参加了世博会米兰彩灯节活动。

四、阅读与多元化相结合　在融合创新中求突破

为紧紧围绕文化内核，把所有与书店阅读相契合的业态作为融合目标，协会于今年7月召开了"全国新华书店文创产品开发专题会议"。会上，福建、新疆、江苏、山西、安徽、云南等省对本省开发的文创产品做了交流。

会议主题是围绕做强主业，在融合创新中求突破、在增值服务中谋发展。中心是：做强主业，做大产业。强化一个概念，就是融合。通过互联网，大数据为企业提供新的发展机遇。新华书店的客户端是读者，但卖书不足以支撑新华书店实体空间，通过定制产品，延伸服务，实现卖产品向卖服务转变。

为了进一步扩展影响，协会在山西太原书博会举办了"新华新空间，阅读新体验"主题展。"协会企业形象推广中心"研发的第三代智慧阅读机，具有图书在线阅览、现场购买、网上订阅、网购存取、广告投放、金融支付、生活电商等多功能服务，提供图书送达的最后一公里解决方案，探索开发"互联网+"时代的智能服务平台和全天候阅读体验站；由协会联合省、市新华书店开发的"舌尖上的读物"主题展示，把各地物产和出版物结合起来，加上专题内容的创意包装，形成舌尖上可以品尝的"读物"；还有融合全国各地文化特色的文创产品展示。此次专题展的目的就是要推动和引导实体书店的空间创意设计与营销新理念。

五、扩大实体书店影响力　打造城市精神文化地标

协会按照《2015年工作要点》，经过前期的筹备及运作，"中国超级书店联盟"（以下简称"超盟"），作为协会的内设机构于2015年8月正式成立。北京图书大厦、上海书城、广州购书中心、深圳书城中心城、成都购书中心5大书城，作为发起单位成为"超盟"首批成员单位。

成立"超盟"的宗旨，是要发挥新华书店大型实体店文化地标的优势，落实总局《2015年全民阅读工作的通知》精神，通过书城的示范引领作用扩大新华书店社会影响力。超盟每年举办"中国超级书店联盟"年会；设立"中国好书、新华首发"项目，实现"一地首发、全国联动"的效应；促进全民阅读活动，定制《书城文库》，由联盟成员单位专架陈列，重点推荐；各成

员单位所在区域出版集团举办的全国性联展活动，各成员单位互动配合；发布《中国超级书店排行榜》。推荐读者阅读，也为更多实体书店提供选书参考。

为落实国家新闻出版广电总局《关于开展 2015 年全民阅读工作的通知》精神，促进全民阅读，扩大新华书店社会影响力，协会组织全国具有地标性的各大书城，包括上海书城、南京凤凰国际书城、成都购书中心、宁波书城等共超过 70 家大型书城及新华书店，于 4 月 23 日世界读书日下午 4 点 23 分，共同举办了以"快乐阅读、闪'靓'心情"为主题的快闪活动，为在世界读书日当天来到书店的读者奉上了一份惊喜的书香大礼。

在参加活动的各大书城中，于 4 月 23 日下午 4 点 23 分至 30 分之间进行结算买单的读者，成为当天的幸运读者。无论这些读者实际支付了多少购书金额，都可以最终以一元钱买单，所付书款全额退回，称得上是一份诚意十足的超级惊喜。这一活动在世界读书日所举办的各种活动中独具特色。

六、抓队伍建设　提高基层新华书店掌门人经营管理水平

在传统书业新常态下，基层新华书店面临着诸多挑战。如何更新基层新华书店经营管理者的经营理念，提高经营管理水平，适应时代发展的要求，总局领导对县（区）级新华书店经理队伍建设非常重视，要求协会将全国 2800 个县（区）级新华书店经理全部轮训一次。

协会经过认真筹备，于 2015 年 9 月 22 日至 26 日在太原举办了第一期全国新华书店县（区）店经理研修班。来自全国 28 个省（区、市）的 310 名县（区）新华书店经理（负责人）参加了研修班。国家新闻出版广电总局阎晓宏副局长出席研修班，并做重要讲话。

本次研修班分别邀请江苏凤凰出版传媒股份有限公司监事、新华书店实体店贯标领导小组办公室主任亓越作了《做强做实实体店是新华书店发展的重要途径》的报告；东方出版交易中心经理蔡国诚作了《如何做好出版物市场数据的挖掘和分析》的报告；新华文轩出版传媒股份有限公司信息总监、云汉网络公司董事长张践就《科技与出版业融合发展》专题进行了讲解；协会副理事长、浙江省新华书店集团有限公司董事长、总经理王忠义以《文化老

字号 培育竞争新优势——跟上互联网+的时代》为题目，讲授了新华书店在新形势下如何培育竞争新优势；南京市新华书店总经理陈建国讲了《把握新常态、当好掌门人——浅议如何当好基层新华书店经理》。参加本次培训的学员都是来自基层一线的负责人，培训期间，大家全心投入学习，虚心切磋交流，遵守培训纪律，课堂秩序井然。学员们一致反映，这次培训班讲课老师水平高，针对性强，内容贴近实际，具有可操作性，学员更新了理念，学到了很多好方法、好经验，很有收获。

研修班期间，协会建立了县店经理微信群，为大家在以后工作中的联系交流和学习搭建了便捷的平台。

七、推动"中国新华发行网"的建设

在 2014 年协会理事会工作中安排了"跨地区协作网"（一网通）的推进工作，此项工作由总店作为承办单位，继续推进。协会召开了专题研讨会进行方案论证。目前，"中国新华发行网"的财政支持资金已全部到位，项目"商业计划书"正完善之中。这将进一步推进新华书店的资源整合，开拓互联网+出版流通的新业态。

八、加大新华书店服务商标使用管理及维权工作力度

根据《中国新华书店协会章程》，经协会第三届常务理事会第二次会议讨论，对南宁市新华书店违反协会章程规定，坚持不纠正错误做法的事实，决定终止南宁市新华书店有限责任公司中国新华书店协会会员资格，南宁市新华书店不服协会决定，先后向法院起诉、上诉，经南宁市高院终裁维持原判。目前，广西区新华书店集团负责善后事宜。

九、举办"阅读·与书香为伴"世界读书日主题摄影活动

此项活动是在配合国家新闻出版广电总局倡导并组织开展的全民阅读活动、建设"书香社会"的基础上，在 4 月 23 日世界读书日活动期间举办的。自今年三月正式启动以来，协会先后下发了《摄影大赛总体方案》、《摄影大赛初评工作方案》。全国新华书店四个片区共计选出三百余幅作品参加了总评，共评选出一等奖 3 名，二等奖 5 名，三等奖 8 名，优秀奖 17 名。

十、推进各省新华书店协会建设

为保护新华书店商标品牌使用并加大维护自身权益，根据各地新华书店股改上市的新局面，协会积极推动各省（自治区、直辖市）新华书店（集团）成立各省（自治区、直辖市）新华书店协会工作。

年内江苏凤凰出版传媒股份有限公司、海南省新华书店集团先后成立了新华书店协会。各省新华书店协会的成立有利于对新华书店品牌的维护，有利于对本地区新华书店品牌使用的管理及监督，有利于在捆绑上市后新华书店权益上的保障，有利于对中国新华书店协会工作给予更多的支持和配合。

十一、为会员单位财务工作提供服务

由全国22家省（自治区、直辖市）新华书店（集团）共同发起，经国家新闻出版广电总局和民政部批准，中国新华书店协会成立了财务管理工作委员会（以下简称《财工委》）。这是协会第一个分支机构，是新华书店行业的财务专业社团组织。一年来，"财工委"秉承"为行业发展服务、为会员单位服务、为会员单位财务人员服务"的宗旨开展了各项工作。

1. 建设富有竞争力的新华书店财务管理工作制度

"财工委"通过探索总结了《"新华书店企业资产运行质量评价体系"财务管理模型》，对企业资产运行质量进行"健康评价"，作出管理诊断，根据企业发展的目标和运行偏差提出引导企业行为的方案。

2015年"财工委"通过加快数据收集时间、扩大数据涵盖范围、复核数据的准确度，使各会员单位能够更有效地运用数据库；通过研讨会的形式，推动各单位运用财务管理模型，分析总结本单位资产运行质量；通过直接到成员单位与财务人员交流的形式，推广和检验财务管理模型的功能。

2. 努力建成学习型社团组织使财工委更具向心力

为了建设学习型的社团组织，"财工委"坚持举办论坛型的研讨会，为新华财务人学习交流、迸发思想火花、创新管理理念提供了平台。

"财工委"在哈尔滨成功举办了《新华财经研讨会2015》。研讨会主题："新华书店企业资产运行质量的管理"。会后，"财工委"把演讲内容编撰成

《"新华财经研讨会2015"演讲汇集》。《演讲汇集》集中反映了新华书店财务管理创新发展的研究成果。

十二、网站及《会刊》建设工作

《新华书店协会会刊》（以下简称《会刊》）在2015年仍然坚持"构建新华人的精神家园"，忠实记录书店变化，敏锐捕捉行业动向，在宣传新华品牌、推动新华书店发展方面发挥积极作用。2015年，在各地通联站的支持下，《会刊》共出版12期、96版，发表各地新华书店（发行集团）新闻资讯、人物访谈、理论研讨、专题策划等各类文章30余万字。

中国新华书店协会网站共有栏目28个，包括重要公告、行业动态、政策行规、协会《会刊》等。从2015年1月至2015年12月，总访问量为59703次，平均日访问量168次；内容更新500条；收到投稿105条。

十三、发挥协会桥梁纽带作用

1. 2016年4月李克强总理对深圳国贸书店经理的来信作出重要批示，要求相关部门研究出台扶植实体书店的政策，推动全民阅读活动的落实和开展。协会为了对会员单位争取更多的政策支持，组织各会员单位征集相关建议后，向总局印刷发行司报送了《关于新华书店实体书店希望获得政府全面支持的报告》。

2. 年内协会向各常务理事单位下发《关于推荐"新华智库"首批专家的通知》。首批专家由各省市新华书店推荐产生，通过对领军人才的培养和宣传，为新华书店创新发展提供智力保障，在社会和行业中树立新型"新华人"的形象。

3. 协会与新闻出版广播影视行业50家社团于2015年9月15日在北京联合签署了《新闻出版广播影视从业人员职业道德自律公约》（以下简称《公约》）。协会向各理事单位转发了《公约》，并督促贯彻执行。

4. 为加强各省新华书店集团企业文化建设，协会于年内召开了"全国新华书店企业文化建设座谈会"。全国23个省、市、自治区新华书店工会主席及分管工会的领导出席座谈会。会议围绕"新华精神"、"新华人"和"百年新华梦"三个主题展开深入的研讨。会议交流了各地新华书店企业文化建设的经验，与会同志深受启发和鼓舞，希望协会在今后的工作中把企业文化建设作为新华书店品牌建设的一个重要组成部分，抓落实、抓推广。

5. 为加强与各理事单位的信息交流，便于理事单位对协会工作的了解及监督，协会恢复了《简报》的编写。内年共编写简报 17 期。

十四、2015 年会费收取情况

目前，协会 2015 年度会费收取工作已基本完成。收取 2015 年度会费 105.5 万元，收取历年欠缴补交会费 10.8 万元。

有 5 家单位（1 个直辖市店、1 个省级店、3 个自治区店）因各种原因，提出会费部分减免。

各单位按时缴纳会费，对协会工作给予了大力支持，有效推进了协会各项工作顺利开展。

回顾一年来协会的工作还有不少缺憾，我们将认真总结经验教训，在新的一年中，以系统发展为基础，以会员满意为原则，踏踏实实做事，充分发挥会员单位的积极性和智慧，扎实地做好协会工作。我们相信，在总局的正确指导下，在协会理事会的带领下，在协会各会员单位的共同努力下，协会将进一步凝聚新华人和全体会员的智慧与力量，通过更加扎实，更加卓有成效的工作，将新一届协会工作做得更好。

2016 年工作总结

2016 年中国新华书店协会在国家新闻出版广电总局的领导下，按照第三届理事会提出的"内聚合力、外扩影响、促进融合"的工作目标，在全国新华书店的大力支持及协会全体工作人员的共同努力下，圆满完成了各项工作计划。

一、召开协会常务理事会部署全年工作

协会于 4 月 12 日在林芝召开第三届常务理事会第四次会议。会议审议通过了协会《2015 年工作总结》、《2016 年工作要点》及《新华书店八十周年纪念活动方案》（以下简称"纪念活动方案"）。会议听取了西藏区新华书店经营状况的报告；会议增补了 5 位协会副理事长，增补了 4 位协会副秘书长。

会议一致同意 2016 年的工作主线将围绕建店 80 周年系列活动开展。进一步提升"新华书店"品牌在社会上的美誉度，提高"新华精神"的认同和传承，扩大社会影响力。

二、"新华书店"门店服务标准化工作成效明显

全国新华书店实体店服务贯彻标准（以下简称"贯标"）工作是新华书店80 周年纪念活动之一。自 2015 年 6 月开展以来，以各省（区、市）为单位组织的贯标实施工作全面开展。2016 年 6 月中旬开始，协会"贯标"工作小组办公室分组，对各省（区、市）检收合格并申报的实体门店进行验审。目前协会已验审了 16 个省（区、市）及独立建制的市店，另有 3 个省已申报验审。已验审的店达标率为 98%，对未能达标的要求整改。通过验审的门店颁发了由协会统一制作的中国新华书店商标授权使用证书。

各省对"贯标"工作非常重视，一是成立了省级专项工作小组；二是省内发文或会议进行了工作布置、开展了培训；三是组织申报店进行了自查及省内检查，确保了"贯标"工作质量。新疆区店领导班子成员亲自带队，组成 7 个专项工作小组，到各店进行检查；福建省店班子一把手亲自听取本省"贯标"工作汇报，狠抓落实。从这些"贯标"工作做得好的省（区、市）情况看，各地都把"贯标"工作看成是重塑新华书店形象的一次极好机会，是提升新华书店管理和服务的重要抓手。基本实现了协会在全国开展门店"贯标"工作的初衷。

贯标工作领导小组的同志，都是兼职做此项工作。为了完成好这项工作，经常远程办公，沟通信息，掌握动态，对基础较差的省还承担了大量的服务体系建设指导工作，做到有问必答，有求必应。

"贯标"工作促进了门店管理制度和服务体系更上了一个台阶，如内蒙古、辽宁及北京地区的县区书店等。"贯标"工作发挥了纽带作用，把多年缺乏沟通交流的省、市、县联系起来。由于改制的原因，辽宁省已多年没有召开全省新华书店会议，协会单独为辽宁举办了培训，深受基层书店欢迎，并增强了对新华书店的归属感和凝聚力。

协会在"贯标"工作中得到了江苏凤凰新华的鼎力支持。选派业务精湛的同志配合协会组织"贯标"的推广实施。

三、《中国新华书店发展大系》编纂工作顺利推进

自 2015 年 8 月正式启动《中国新华书店发展大系》（以下简称《大系》）编纂工作以来，各省（自治区、直辖市）店领导高度重视，组织力量、专人负责、认真编纂。在《大系》编纂期间，协会分别于南昌、北戴河、成都、长沙召开了四个片区的《大系》分卷审读会。审读会上四片区分别以江西、河北、陕西、湖南分卷为参照，逐条进行审读。现场解答各省在编纂工作中存在的问题及疑点。协会根据审读会上各省代表的意见和建议以及在各分卷编纂进程中遇到的问题编发了三个"大系"编纂补充文件。

经过各省（自治区、直辖市）店的努力，截止到目前，32 卷分卷已全部编纂完成，各分卷已经组织通读并提出修改意见，返回各省进行修改。

四、召开协会理事会大会（年会）

按照协会章程规定，协会理事会暨 2015 年度年会于 7 月 26 日在包头市召开。会议通过了《协会 2015 年工作总结》、《2016 年工作要点》、《新华书店80 周年纪念活动方案》。听取了 2015 年度协会财务收支及会费使用情况，通报了协会调整及增补的负责人名单。国家新闻出版广电总局阎晓宏副局长到会讲话；协会邀请总局政策法制司领导对 2016 年 6 月 1 日新颁布实施的《出版物市场管理规定》进行了解读。会议报告了"全国新华书店贯标工作"及《中国新华书店大系》编纂工作进度，对第一批验审达标的新华书店颁发了新华书店商标《授权证书》；对"世界读书日主题摄影活动"获奖者进行了颁奖。

五、制作颁布《中国新华书店社会责任报告书》

协会在第二十六届书博会上向社会发布了《中国新华书店社会责任报告书》（以下简称《社会责任报告书》）。这是新华书店成立近 80 年来，首次向社会发布《社会责任报告书》。国家新闻出版广电总局副局长阎晓宏出席活动。

协会于 2016 年上半年向各省（自治区、直辖市）新华书店（集团）征集《社会责任报告书》发布内容。《社会责任报告书》从拓展发行网点、助推全民阅读、发行重点读物、热心公益等方面总结了新华书店近 3 年（2013—2015年）发挥国有文化企业在引导和示范方面所做的工作：

1. 加强网点建设，体现社会责任。作为发行企业，新华书店的社会责任一个很重要的途径就是通过发行网点来实现。近三年来，新华书店全国网点数"止滑回升"，特别是 2015 年在党和政府支持实体书店政策的落实下，呈现出"井喷"式增长。实体门店呈现出四大特点：一是全面铺开、增势凸显；二是因地制宜、大小并举；三是重装改造、升级换代；四是特色书店以"特"见长。

2. 精心组织活动，助推全民阅读。举办各种公益活动，推动全民阅读，是新华书店履行社会责任的重要抓手。主要做法：一是开展周期性的助推读书活动；二是依托书店卖场，开展多种形式的读书活动；三是加大"展会"投入，打造读书"嘉年华"；四是深入基层，开展特色阅读。

3. 确保重点发行，服务全国大局。新华书店始终把宣传党的方针、政策作为自身的责任和义务，竭尽全力做好党和政府的重要文献、重点图书的发行，坚持守好这个主阵地。党和政府也放心交由新华书店发行，这是对新华书店的政治上信任，也体现了新华书店义不容辞的社会责任。

4. 热心帮困、奉献公益。新华书店从诞生始终把人民的需要放在首位。各级新华书店将关心社会公益事业、扶贫帮困、倾力奉献各种社会公益活动一直当作自身义不容辞的责任。一是捐赠图书、助读促学；二是捐款捐物、扶资帮困；三是援建项目、雪中送炭。3 年来，据不完全统计，5 个省共计捐赠

6364 万元图书，7 个省共计捐赠资金 755 万元。

发布会上，协会代表全国新华书店向社会承诺：在 2017 年新华书店成立 80 周年之际，中国新华书店协会将拿出更为亮丽的《2016 年度社会责任报告书》。

六、拍摄《新华书店》大型历史文献纪录片

为迎接新华书店成立 80 周年，协会与河北出版传媒集团公司联合拍摄《新华书店》大型历史文献纪录片。《新华书店》纪录片分为 6 集，全景式反映了中国新华书店发展壮大的光辉历程。六集纪录片分别记录了延安时期、解放战争、新中国诞生、社会主义建设、改革开放、新发展机遇时期的新华书店。采用故事情景的拍摄方式。

纪录片于 2016 年 11 月开始拍摄，计划 2017 年 4 月 24 日在央视播出，争取全国 20 个省级电视台播放。

除拍摄纪录片外还将出版纪录片同名图书《新华书店》，采用纸媒与数媒互动的形式，将纪录片摄制过程中所有影视资料纳入图书出版内容，让读者即能够直接阅读书籍还可通过手机扫描进行网上观看，完成互动阅读。该书由协会统筹，计划 4 月 25 日在全国首发。要求该书作为新华书店成立 80 周年活动纪念品，员工人手一册并列入新华书店常备书目，常年陈列销售。

七、继续举办县（市）店经理研修班

协会在总结 2015 年举办县（市）店经理研修班工作的基础上对内容和形式进行充实和提升，并分别于井冈山、鄂尔多斯、贵阳举办了三期新华书店县（市）店经理研修班，800 多名县（市）店经理报名参加了培训。

培训增强了学员们对新华书店传播先进文化建设书香社会，推广全民阅读中担负的重任。以各种实例讲授基层店管理者的工作经验及应对互联网时代实体书店怎样变革，使学员获益良多。教师们"接地气"的授课，使学员耳目一新，大家感觉开阔了思路，更新了理念，学到了很多好方法、好经验，对以后的工作很有帮助。

八、正式启动新华书店 80 周年纪念活动

协会于 12 月 22 日在三亚召开常务理事会暨纪念活动组委会全体会议。审

议通过了《关于开展新华书店80周年纪念活动意见（审议稿）》（以下简称《纪念活动意见》）。经过认真讨论，充实完善了《纪念活动意见》，同意上报国家新闻出版广电总局。

会议要求，各地在落实《纪念活动意见》的基础上，要结合本省实际情况举行各项纪念活动形成方案，报协会备案并加强各省相互交流。

九、为全国"两会"提案起草征询意见

为通过"两会"代表委员反映新华书店诉求，协会于2016年2月在福州召开了新华智库专家对提案意见的征询论证专题会议，对系统关注度高、解决难度大、而又需迫切解决的诉求进行疏理，提出解决方案，为人大代表及政协委员形成提案提供依据。由于准备充分、方案可信，受到政府相关部门高度关注。

十、充实新华智库专家队伍

建设"新华智库"是新华书店创新融合、转型发展、培养人才的重要举措。2016年协会在由各省（区、市）新华书店（集团）推荐首批专家库的基础上，在各省（区、市）新华书店（集团）内开始第二批"新华智库"专家推荐工作。第二批"新华智库"专家在计算机网络、财务管理、营销策划、门店管理、物流设计运作与管理、基层店经理及发行业务培训、广告设计等专业人士中推荐。目前有近20个省上报了专家推荐名单。

十一、筹建全国新华书店物流协作网

为提升新华书店物流经营和管理的效能，了解国际物流技术的新发展，协会决定筹建全国新华书店物流协作网。2016年11月1日在上海召开了全国新华书店物流协作网研讨会。15个省（区、市）店（集团）40余人参会。会议代表一致认为：加强交流与合作，了解技术发展新动态和行业应用解决方案，避免投资失误或少走弯路，充分利用行业优势和现有设施，减少重复投资，在合作中提高资产利用率及投资效益。具有十分重要的现实意义，要抓住机遇，打造新华大物流。与会代表还参观了国际汉诺威物流展及听取了物流专业讲座。

十二、融合创新　携手发展

2016 年协会参与主办了"全国新华书店集团首届服务教育信息化产业高层座谈会"。28 家单位计 70 人参加了会议。广电总局规划发展司领导到会指导并作主旨发言。四川新华文轩、皖新传媒、河北新华书店集团就主营业务创新、服务教育信息化建设及应用、教育装备业务开展作了专题发言。共同解读了"十三五"数字出版产业发展规划，探讨了在"互联网+"背景下出版行业的转型与融合，探讨了如何在新形势下借助教育信息化发展东风，发挥渠道优势，打造优质数字教育内容和信息化教育。

十三、为会员单位财务人员服务　支持企业高速发展

协会财务工作委员会将进入成立第四个年头。为了及时贯彻中国协会 2016 年工作安排，财工委于 2 月 25—26 日在南宁专门召开了主任委员会议。会议传达了协会工作思路、安排和要求，研究和落实财工委工作。会议一致认为，财工委既是协会的下属机构，又是协会的重要组成部分，配合协会的工作是财工委义不容辞的义务。决定要积极配合协会完成今年的工作，特别是庆祝中国新华书店成立 80 周年活动的准备工作，做好行业财务人员的培训工作。

2016 年 6 月财工委召开新华财经研讨会，新华书店集团企业上市为本次研讨会的主题。会议请已上市公司的财务负责人和与会代表们共同分享了他们的上市经验以及上市后企业的发展成就；邀请了证券公司的投行经理对全国文化企业上市的现状给代表们进行了分析，讲解了企业上市前应注意的事项和上市后应关注的问题。已上市的新华书店集团大家作出了很好的示范。代表们高度评价演讲代表们的精彩演讲和传授的宝贵经验。财工委把 2016 年新华财经研讨会代表和嘉宾的精彩发言汇编成册，让大家学习参考。

财工委成立以来，举办过七次大会，财工委没有安排专职工作人员，所有的活动都是由成员单位承办，每次都圆满地达到预定目标，体现了新华书店财务队伍的组织能力和执行能力。

从 2016 年开始，协会把全行业财务人员培训工作交给财工委负责。行业

财务培训工作正式列入了财工委的日常工作计划。2016 年有 21 个省级店 137 人次参加学习了培训。协会去年作出决定，要组建自己的专家队伍"新华智库"，要求财工委推荐行业内财务专家"入库"。财工委决定组建财工委的"专家库"。2016 年财工委已经在发挥专家作用方面作出尝试：如在行业财务培训中，除了邀请社会专家授课外，还派出业内专家讲课；在研讨会上请退休老专家传授上市的经验体会等。

财工委的 QQ 群，继续发挥着重要的平台交流作用。无论指导政府政策文件的解读、财工委工作布置、成员单位交流工作心得、传授健康知识、群友感情交流等等，QQ 群已经成为了大家不可或缺的交流场所。新华书店行业税收优惠政策很快又到新的周期了，如何应对政策对行业的影响，QQ 群又将成为高效的工作交流平台。

为配合协会开展的"门店贯标工作"，财工委到南京开会，到苏州去实地学习考察江苏新华实体书店的经营管理，给各单位提供在加快实体店经营管理的升级换代过程中如何加强企业的财务管理的学习机会。

十四、提升"超级书店联盟"品牌形象　提高影响力凝聚力

2016 年 1 月"超盟"在北京图书大厦召开了 2016 年第一次业务研讨会，参加会议的各位书城代表充分交流了在 2015 年经营工作中的经验与得失，对市场表现出来的回暖现象进行了结构上的客观剖析，对新一年实体书店的市场走向均持谨慎态度。在会议中大家还重点讨论了相关业务合作和 2016 年世界读书日共同举办活动的议题。

世界读书日活动期间，为响应习近平主席在出访英国期间建议纪念汤显祖与莎士比亚逝世 400 周年，以广州购书中心发起的"'艺'想不到——莎士比亚和汤显祖的文艺邂逅"为主题，策划图片展览并配合图书展销，在全国各超级书店中推广，进一步提升了"超盟"的品牌形象和文化影响力、凝聚力。

8 月上海书展期间，与中国实体书店创新发展年会同步，"超盟"在上海书城举办了主题沙龙活动，邀请了来自全国 20 多个省会城市和 3 个计划单列市（青岛、宁波、深圳）的书店掌门人一起进行了深入交流，大家有的分享经验，有的提供资源，有的提出困惑，展开了一场含金量非常高的激烈讨论。其中北京王府井新华书店总经理杨峰关于线上线下深度融合发展的介绍；宁波新华书店副总经理关于打造自有品牌多元化产品的介绍；山西新华太原有限公司副总经理曹笑吟关于互联网模式所带来的业务和服务流程的改变的交流；给大家带来了不少可以相互借鉴的做法，也提出了很多值得进一步思考和探索的问题。

十五、2016 年会费收取情况

协会总计收取 2016 年度会费 109.5 万元。除辽宁省新华书店由协会委托省店向市县店代收外，其他各单位按时缴纳会费，对协会工作给予了有力支持，有效保障了协会各项工作顺利开展。

回顾协会一年来的工作，还有许多不足。一是因协会同不少理事单位联系不够，以致于协会一些重要工作没有及时、全面落实；二是通联工作还有差距，协会《会刊》停办后，官网和微信群作用发挥，没有达到预期；三是协会专职人员少，有工作不到位的现象。协会将在新一年的工作中"找差距、补短板"坚持"问题导向"，把协会理事会确定的工作目标和任务扎实认真完成好，以实际行动迎接新华书店成立 80 周年。

中国新华书店社会责任报告书
（2013—2015 年）

新华书店是有着近 80 年历史的我国国有图书发行主渠道。作为 1937 年 4 月 24 日由中国共产党在延安创建的文化企业，新华书店在其 80 年的征程中为中国革命战争的胜利和新中国的建设作出了不可磨灭的贡献。

作为当代中国出版业的发行"龙头"，新华书店以遍布全国城乡的发行网络和占全国图书销售的最大比重确立了自己的发行主体地位。它为促进中国出版业的改革发展，繁荣图书市场，传播社会主义先进文化，为服务两个文明建设，满足广大民众的精神文化需求不懈努力，功勋卓著。

进入新世纪后，特别是近年来，面对来自多方面的挑战新华书店秉承宗旨，坚守文化担当，在保持经济效益持续增长的同时，自觉履行社会责任，彰显了新华书店这一"老字号"文化企业的社会效益。

一个企业特别是文化企业，履行社会责任是企业持续发展的推进器。新华书店要在激烈的竞争中扬长避短，发挥优势，持续推进，社会责任就一刻也不能丢。

本报告试图从拓展发行网点、助推全民阅读、发行重点读物、热心公益等几个方面考查总结新华书店近 3 年（2013—2015 年）来履行社会责任的状况。本报告所涉及的有关数据均取自各店的调查反馈。据不完全统计 2015 年全国新华书店营业收入 1141.65 亿元，资产总额 1433.74 亿元，从业人员 123149 人。

加强网点建设　延展社会责任

作为发行企业，新华书店的社会责任有相当一部分要通过发行网点来实现。近 3 年来新华书店从全国层面来说发行网点建设状况不容乐观，由于网络销售冲击、经营成本增加、地产房租上涨等综合原因所致，2013 年、2014 年两年全国新华书店整体呈发行网点减少状况。据国家新闻出版广电总局权威部门的统计，2013 年全国新华书店网点共 9255 处，比上年减少 148 处；2014 年全国新华书店网点共 8922 处，比上年减少 333 处，两年间全国新华书店网点共减少 481 处。国家新闻出版广电总局 2015 年的统计数据尚未发布，但据中国新华书店协会的不完全统计：2013—2015 年 3 年间，有 20 多个省、计划单列市新华书店发行网点增长，由于统计口径上的差异尚难列出精确的数据，但增减相抵，全国新华书店网点增长是肯定的，增长的数量应该超过 500 处。

虽然国家新闻出版广电总局尚未发布 2015 年全国新华书店网点的统计数据，但一个不争的事实是：2015 年是全国实体书店特别是新华书店的"回暖年"。"回暖"的标志一是销售大量上升，二是网点建设方兴未艾，或新店开业面世，或老店重装新张。因此纵观 2013—2015 年 3 年全程，可以预判：全国新华书店网点总量趋增。

新华书店的发行网点大为新华阵地，小为新华触角，从不同程度上发挥着新华书店联系读者、服务民众的社会责任。发行网点是新华书店履行社会责任的依托，发展网点本质上就是新华书店对履行社会责任的延展。近年来，新华书店的网点建设呈现几大特点：

一是部分省全面开花，增势凸显。江西新华以发展校园书店为突破口，在省内全面推进"新华壹品"校园超市建设，全省新增发行网点409处。浙江新华持续推进农村小连锁、文化消费综合体建设，全省新增发行网点123处。河北新华大力发展校园书店和新华绘本馆，全省新增发行网点200处。湖北新华全省新增发行网点132个，其中校园书店117个。

二是因地制宜，大小并举，多业态网点共建共生。深圳新华既新开大书城，又增设小书吧。去年新一代"文化创意书城"——深圳宝安书城建成开业，该书城总建筑面积3.8万平方米，经营面积2.6万平方米，建设工期仅500天。同时还推进一街道一书吧建设，开设书吧十余家。安徽新华校园书店、前言后记书店、监狱书店、便民书店，多态书店并举，全省新增网点60余处。河南新华新建20家面积逾1万平方米的大型文化综合体，总经营面积大幅增长。

三是重装改造，升级换代。为了更好地服务民众，履行社会责任，一些书店分别翻新改造，扩建升级。南京新街口书店，从业态规划、店堂布局、室内装潢、外立面、导视系统等多方面进行创新设计，重装改造，升级为万米精致文化消费综合体。深圳南山书城、罗湖书城分别重装改造后，功能大大拓展，成为都市人阅读、学习、交流和休闲的复合式文化生活空间。中国第一座现代大书城——广州购书中心经全面装修升级改造，面目一新，聚客能力、服务功能大为改观。

四是特色书店建设此起彼伏，以"特"制胜，功效显著。24小时书店是最具代表性的一类特色书店，据不完全统计，3年间全国新华系统共开设24小时书店20余家：仅浙江新华就在杭州、宁波、义乌、上海开设了悦览树等4家24小时书店；江苏新华仅在苏州一地就开设了自在复合书店等3家非盈利性的24小时书店，成为当地文化名片。北到辽宁盘锦新华的"深柳读书堂",南到海南新华的太阳城大酒店24小时书店,新华24小时书店遍布多地;深圳新华的24小时书吧、湖北新华的"九丘书馆"24小时书店、四川新华的"轩客会·镗钯街店"、河北新华的"创意咖啡+24h书屋"、贵州新华的贵州书城24小时书店、青岛新华的"明阅岛"24小时书店、安徽新华的三孝口24小时书店等,都在当地颇获反响。这些24小时书店不仅通宵营业,成为夜幕降临后当地不可多得的公共阅读空间,还时常举办相关文化活动,成为晚间当地市民热衷的场所。在全国普及的还有校园书店,这类书店在全国各省、自治区、直辖市虽然名称或有差异,数量多少不一,但均已成为新华书店服务于校园师生、践行社会责任的前沿"堡垒"。河北新华的张家口一中校园书店和遵化一中校园书店的深入服务,已分别带来年销售逾百万元的业绩。一些新华书店利用当地特色,将旅游与红色文化结合,开设弘扬优良传统、传播正能量的特色书店。如江西新华在当年红色根据地井冈山,开办了"井冈山红色书店";四川新华在邓小平家乡广安,开办了邓小平故居"红色旅游书店";延安新华书店在习近平当年插队的地方,开办了"梁家河书店";湖北新华在著名的"将军县"红安,开办了红安县"七里坪红色书店";河北新华依托太行山区的革命传统教育基地在涉县开办了红色文化主题书店,这些书店均获得良好口碑。值得提及的还有江苏新华与省建设银行合作,在建行网点开设的"书香建行",将书店引入金融领域,这一特色网点已开辟了40家;安徽新华将新华书店与当地公共图书馆、高校图书馆进行资源整合,开办了新华书店铜陵图书馆店;黑龙江新华开办的"果戈理书店"和"普希金书店"、广西新华开办的"国门书店"、内蒙古新华开办的"木屋书店"、西藏新华开办的"藏文书店"、山东新华开办的"三希堂藏书示范店"、宁夏新华开办的中卫"读客书苑"、上海新华开办的"建筑书店"和"艺术书店"等特色各异。

网点建设的全面推进,是新华书店践行社会责任的突出体现。它扩展了新华书店履行社会责任的依托,拓延了新华书店履行社会责任的影响面。

出手活动举措　助推全民阅读

举办各种公益活动,推动全民阅读,是新华书店履行社会责任的重要抓手。不可否认，一个时期以来由于互联网、移动互联网的冲击，国人读书受到不同程度的影响，一些地区呈下降趋势。针对这些变化，以图书发行为主业的新华书店深感责任重大，纷纷开展各项活动、出手有力举措，助推读书。这些活动、举措主要是以下几点：

一是开展周期性的助推读书活动。据不完全统计，全国各省、市、县的读书活动，当地新华书店均是主办、承办方之一。深圳读书月是全国开展最早的大型读书活动，从2000年第一届开始，深圳新华书店就是主要承办方，读书月组委会办公室就设在新华书店。十几年过去了，从深圳新华书店到深圳发行集团，再到深圳出版发行集团，深圳新华的体制虽几经变化，但其作为读书月活动的主承办方，作为读书月组委会办公室的角色始终未变。近年来其承办的读书月活动影响不断扩展，已名扬海外。由此，深圳2013年被联合国教科文组织授予"全球全民阅读典范城市"称号。深圳获得这一全球全民阅读最高荣誉，深圳新华书店功不可没。

近3年来，各地新华书店组织的阅读活动已常态化：安徽新华举办了新安读书月、省直机关读书月活动；广西新华举办了"春天读书秀"活动；黑龙江新华开展了"书香龙江"读书活动；河北新华举办了"新华书香节"活动，每年举办两次，每次持续3个月；四川新华连续两年承办"书香天府"活动；重庆新华连年举办"重庆读书月"惠民书展活动；海南新华连续两年承办"海南书香节"活动；浙江新华承办了浙江全民阅读节暨浙江书展活动；沈阳新华连续举办了八届"沈阳全民读书月"活动；武汉新华举办了"书香江城——大美武汉"读书节和"楚天少儿悦读系"活动。每年世界读书日期间，各地新华书店更是举办为期不等、规模各异的助推读书活动。在各地新华书店的主推下，如今每年各地的读书活动大多形成两轮高潮：一是世界读书日期间全国统一的春季读书高潮；二是各地特设的"读书月""读书季""读书周""读书节"期间，具有地方特色的读书高潮。新华书店作为每年助推这两大读书高潮的主角，从相关活动策划、组织，文化名人的联系、邀请，活动场地的布置、安排等等，投入了大量的人力、物力、财力和时间，可谓每年打两场公益性凸显的"大仗"。每年全国新华书店在这两大"战役"中举办的各类活动场次数以万计，参加活动的人次数以亿计。

二是依托书店卖场，开展多种活动，营造读书氛围。北京图书大厦持续开展的"星光自护"系列活动、北京王府井书店每周一期的"首都科学讲堂"，吸引了首都不同群体；江苏新华利用全省书城平台，不定期开展读书分享会活动；深圳中心书城每年举办各种文化活动数百场，平均每天多场，成为市民热衷的文化场所；江西新华在旗下新华文化广场举办首届中国新移民文学成果展，世界五大洲近百名新移民作家、国内作家、评论家等学术界代表及众多文学爱好者蜂拥而至。各地新华书店卖场的讲座、签售等活动更是不胜枚举，卖场环境和文化活动的完美组合，把更多民众引进书店，阅读氛围的营造，培育了更多读书人。

三是加大展会投入，打造读书"嘉年华"。近3年来，各地新华书店或踊跃参加当地大型展会，或自行组织书展、书市，利用展会效应，把读书活动再推高潮。深圳文博会是目前我国唯一一个国家级、国际化、综合性文化产业博览交易会，至今已举办12届。深圳新华从文博会创办之初就积极介入，直至成为主承办方之一，持续组织开设新闻出版馆，近3年来又把其卖场深圳中心书城等发展为文博会分会场，使读书成为文博会中一个亮色。南国书香节是目前国内历史最长的省域图书展会，广东新华积极参与已成为书香节的主承办单位，近3年来广东新华不断创新展会内容：开设主宾馆，引入国际展商，开设珠海、惠州等多家分会场，展会成果持续扩大。上海书展从地方书展发展为国家级书展，其间上海新华积极参与，承办许多活动。北京新华在北京文博会开办国际图书分会场，为文博会增添国际元素，他们还特设民俗文化展示互动区，展示相关图书，邀请多名民俗技艺大师现场演示各种绝活，为文博会增加了特色内容。广西新华连续几年参与"中国东盟——东盟出版博览会"，并在展区内设置青少年读书角，邀请各国留学生开展丰富多彩的读书活动。浙江新华承办浙江书展、江苏新华承办江苏书展，均有力推动了本省读书活动。河北新华连续3年承办惠民书市，除在石家庄设主会场外，还在唐山、邢台开设分会场，在全省 10 余个设区市开辟活动专区，在 144 家县（区）新华门店设立专柜专架，最大范围地回馈读者，助推阅读。

四是走进基层，针对不同群体，开展有针对性的特色活动，把读书活动引向深入。送书进校园，在学校开展阅读活动是各地新华书店普遍的做法，而且很多书店将其形成制度，定期进校园。重庆新华已连续 6 年开展"名家进校园"活动，先后邀请曹文轩、杨红樱、汤素兰等数十位名家、学者走进全市 30 个区县中、小学，举办公益讲座 150 余场，受众达 28 万余人，累计赠、售图书 26.9 万册，受众几近人均一册，成为重庆市青少年课外阅读的文化品牌。广州新华力推名家进校园讲座活动，仅 2015 年一年就举办了 25 场，今年上半年又举办了 30 场。江苏新华年均组织"校园人文行"活动 320 多场。湖北新华实施进校园、进机关、进军营、进乡村、进特殊群体等"十进工程"，开展各种"助读"活动 500 余场。四川新华主办了"走进川藏线送书到兵站"大型公益活动，送书团队翻越高原雪山，穿越泥泞险阻，历经 4000 多公里的艰难跋涉，将 4 万余册、100 余万元的图书和书架送到川藏线各兵站，建设了近 40 个"文轩军营读书吧"，实现了川藏线兵站的全覆盖。安徽新华为扶助农民读书学习，开办了"农民文化家园"，为扶助乡村留守儿童，开办了"布克乐园"，并举办了农民电脑上网"扫盲班"，开设了"留守儿童免费视频专座。"乌鲁木齐新华联合自治区监狱管理局举办"文化进监合作共建"活动，送图书进监狱，"助读"特殊群体。

新华书店以多种形式、丰富内容开展的各项公益活动，既兑现了其宗旨，最大限度地助推阅读，更深入地为民众服务，也把履行社会责任更加具体化。随着民众读书热情的一再被激发，社会效益凸显的同时，其带来的经济效益也是不言而喻的。在纸质阅读遭受严重冲击的当下，全国新华书店的整体销售能保持只升不降，在相当程度得益于各地新华开展的这些活动。

保障重点发行　服务全国大局

新华书店既是文化企业，又担负着党的宣传阵地职责，这是历史赋予新华书店的社会责任。因此在以经济建设为中心的当下，竭尽全力发行好党和国家重要文献、重点图书，就成为新华书店履行党的宣传阵地这一社会责任的重要标志。党和国家明确这些图书由新华书店发行，是对新华书店的高度信任，也是新华书店义不容辞的社会责任。

过去的 3 年，正值党的十八大召开后，以习近平为总书记的党中央带领全国人民全面奔小康，努力实现中华民族伟大的复兴梦。与这个大的背景相契合，3 年间全国新华书店把发行好"十八大文件"和"习近平总书记系列重要讲话"作为发行主业中的重中之重。据不完全统计，全国新华书店共发行党的十八大文件系列读物（包括《十八大报告》《十八大文件汇编》、辅导读本等）、《中国共产党章程》、《习近平总书记系列重要讲话读本》（2014、2016两个版本）、《习近平谈治国理政》等重要读物 5800 多万册。

重点书发行，重点推荐。各地新华书店对这些读物普遍设专台、专架重点展示，并通过海报、易拉宝、广播、视频等多种手段，扩大宣传。安徽新华针对这些读物的发行专门设立了"政治读物发行专员"团队，在组织和人力安排上给予重点保障，在第一时间为全省干部群众学习中央文件、重要读物提供周到服务。上海新华对这些读物的发行超前启动、方案落实、工作细致、服务贴心、特急特办、保障货源，采配业务员每天跟踪书城及各门店 POS 销售、团购发货及库存情况，及时对销售趋势作出预判，并与出版社沟通，保证货源不断档。广东新华成立了重点图书营销专项小组，健全和完善这类读物发行的工作机制，集团上下通力合作，成效显著。对这类读物，浙江新华建立了完善的发行体系，通过产品采购前置、物流绿色通道、门店重点陈列等方式有效拉动了其销售。为了做好这类读物的发行，江西新华集团加强与宣传部门、组织部门的合作，共同开展营销活动，各分公司做好与当地相关机构的协调沟通，扩大了读物的发行。甘肃新华对这些读物的发行，从集团到基层店层层重视，集团企管部每周统计各店的销售情况，及时调剂添配。福建新华在台湾策划举办了《习近平谈治国理政》和习近平总书记第一部专著《摆脱贫困》的首发式，实现了习近平总书记著作在台湾南北主要书店的上架销售，产生了积极的影响。

各地新华书店圆满完成重点读物发行任务，及时满足了当地干部群众学习中央精神和习近平总书记系列重要讲话精神的需求，有力配合了全国人民贯彻落实"四个全面"战略布局。提交了一份忠诚履行社会责任的合格答卷。

热心扶弱济困　倾力公益作为

新华书店作为国有企业并未只满足于自身的发展，而是始终热心公益事业，视扶危济困为应履行的社会责任，经常地、无私地伸出援手，新华书店这种对社会的奉献大体分为三类：

一是捐赠图书，助读促学。这类捐赠在新华书店系统最为普遍，各省、市、县新华书店几乎没有哪家未有过这种义举。捐赠图书对象广泛，学校、部队、机关、厂矿、乡村、图书馆，诸多行业无不受益。上海新华捐赠常态化，每年开展职工"一日捐"活动，每年慰问南京路上好八连，为官兵送上精心挑选的图书。2013年11月，吉林松原地区发生地震，吉林新华向全省免费派发《防震减灾知识手册》945万册，普及自救防灾知识，安定民心。广州新华2013年向五华县横陂镇政府捐赠价值162万元的图书。3年来山东新华捐书码洋达2208万元。广东新华捐赠图书码洋计849万元。黑龙江新华2013年向省内6家小学捐赠200万元的图书。深圳新华捐赠图书合计达2000多万元。

二是捐款捐物，扶贫济困。新华书店对社会的捐助不仅仅是自己的看家货——图书，还不惜真金白银，倾力扶持。上海新华连续十多年持续为云南腾冲新华希望小学捐款捐物五十余万元，还年年组团看望师生；江西新华连续两年向江西财经大学困难学生、人才培养基金捐献款额各45万元；2015年除向省内农家书屋网点捐赠图书外，还捐款10万元；3年来山西新华向五寨县梁高坪乡扶贫点捐款24万多元；重庆新华向巫山县对口援建捐资250万元；广州新华向五华县横陂镇联长村提供扶贫资金150万元；四川新华2015年资助省关心下一代基金会"爱心助孤行动"项目30万元；黑龙江新华2014年向省内各地市教育局捐赠196万元的电子商品。

三是除了捐书、捐款、捐物外，新华书店还主动承担许多援建项目。其中以援建图书室最为普遍。北京新华援助建立"中华魂"书屋 80 余所、"中华魂"多媒体教室 10 余所、"中华魂"音乐教室 1 个。深圳新华扶持建立"青工书屋",现有"青工书屋"已达 169 家。河南新华援建学校、机关、乡村图书馆 173 个。

援藏、援疆受到各地新华的高度重视。3 年间江苏新华向西藏捐助图书码洋达 350 万元,向新疆捐助图书码洋达 180 万元。安徽新华向西藏山南地区教体局捐赠投影仪、电脑等教学仪器,向贫困地区、少数民族学校等捐赠学习用品、体育设施 100 多万元。

一些实力较强的省新华书店在捐赠方面更显慷慨,堪为典范。据不完全统计,湖南新华 3 年用于复读机、县级文体活动、教育基金、教辅材料、教学器材、教育基础设施、美丽乡村建设、对口扶贫等方面的捐赠总额达 8562 万元。江苏新华每年资助贫困生、助推读书、捐建农家书屋等总费用逾千万元。云南新华 3 年各项捐赠合计达 4331 万元。浙江新华 3 年累计各项捐赠 358 万元。湖北新华 3 年开展对口捐赠活动,累计捐赠图书、物品等逾 1500 万元。河南新华 3 年各项捐赠合计达 1218 万元。福建新华每年资助贫困学生、捐赠图书等费用逾 300 万元。

一些边远、欠发达地区的新华书店也勇于担当社会责任,解囊相助。海南新华 3 年间向社会、学校、部队、农家书屋、图书馆捐赠图书、教学设备等共近 762 万元;内蒙古新华 3 年共捐款 351 万余元;甘肃新华向学校、部队、图书馆等单位捐赠资金、实物共 200 余万元。宁夏、西藏、青海新华等虽然自身并不富足,但捐赠扶困爱心不减:宁夏新华 3 年间为银川星语家园儿童孤独症康复训练中心等单位捐赠图书、物资等共 58 万元;西藏新华进社区帮扶贫,捐赠图书,扶持特困户,为村点饮水改造提供资金支持;青海新华开展"博爱一日捐"活动,并向云南鲁甸地震灾区捐款。

斩获诸多荣誉　尽收两个效益

新华书店两个效益一齐抓,切实履行社会责任,得到了社会的广泛赞誉。近 3 年来,各地新华书店斩获各种荣誉,这些荣誉既有行业的,也有社会的,既有国家级的，也有省级的，虽然性质有不同，层级有差异，但这些荣誉均深含两种蕴意：既是对新华书店经营、发展的充分肯定，又是对新华书店履行社会责任的高度认可。

据不完全统计，过去3年全国新华系统已有两家新华发行集团入围《世界媒体500强》，即2014年、2015年江西新华发行集团两度入围《世界媒体500强》，2014年名列第182位，2015年名列第192位；安徽新华发行集团2013年入围《世界媒体500强》，名列第239位。而正是这两家世界媒体500强单位，在履行社会责任方面同样堪称典范：安徽新华集团获"中国上市公司最具社会责任感企业"称号；江西新华集团是全国唯一一家连续三届获中国出版最高奖——中国出版政府奖的发行集团，且获省级文明单位称号。如果说获誉世界500强，主要得益于经济实力，那么获誉"文明单位"和"最具社会责任感企业"则主要得益于履行社会责任。这两家强势集团的范例说明，经济实力和社会责任是相辅相成的，忠诚履行社会责任必将促进经济实力的增长；反之社会责任感丧失的企业必将丧失客户、用户和受众，它可能强势一时，但却不能强势持久。新华书店之所以在经历多种冲击后仍强势不减，持续发展，其忠实履行社会责任是重要原因。

过去3年，因履行社会责任突出被授予"全国文明单位"称号的有广东新华集团、深圳新华（出版发行集团）、江西宜春新华书店。获省级文明单位称号的有河北新华集团、福州市新华书店、乌鲁木齐市新华书店、北京王府井新华书店、北京中关村图书大厦、上海书城、云南新华集团、海南东方新华书店、湖北新华集团、甘肃新华集团、新疆维吾尔自治区新华书店及河南6家新华书店，黑龙江新华集团还被授予"省级文明单位标兵"称号。3年间全国还有许多新华书店获得众多不同荣誉，其中湖南新华集团和河北新华集团高居"中国服务业500强"。河北新华集团获全国500强和省文明单位的双荣誉，再次表明经济强势和社会责任二者的共生共存。

2016年7月

后记

　　《中国新华书店发展大系·协会卷》是按照协会统一组织落实下的单独成卷，记述其工作的延续，也记录了协会工作的发展。协会成立只有 14 年的历史，但新华书店在这 14 年中，都有着迅猛的发展和巨大的变化。

　　今年是新华书店成立 80 周年，作为党所创办的国有图书发行企业，其身上具有突出的特性、红色基因、优良传统和重要使命，把这些保护好并使之继承和延续也是协会的工作目标。

　　在本卷编写过程中，秘书处的同志不辞辛苦在十余年的工作档案中认真检选，集要成文，按照编写体例，逐条逐字进行编写，使读者从中可看出协会的工作成绩和工作脉络，更能从中体味出协会的工作思路和发展方向。

　　以史为鉴，在于出新，以史为镜，在于坚守。我们从哪里来，向哪里去，这是一个行业和一个系统必须深思的大事。

　　希望本卷能让所有会员加深对协会的了解，协会的工作目标是系统发展，协会的服务对象是所有会员，在此书出版之际，谨以此书向会员致意，也对编纂此书的同志道声辛苦。水平所限，书中定有不足，还需读到此书的人予以谅解。

编者

2017 年 3 月 1 日